JN4437039

알기 쉬운

회 계 원 리

Accounting Principles

유 재 경 · 김 병 우 공저

도서출판 두남

머 리 말

회계는 경영의 흐름을 숫자로 나타낸 것으로 개인이나 기업뿐만 아니라 모든 형태의 조직에서 가장 보편적인 의사소통 수단으로 사용되고 있다.

"개인이나 조직 모두 회계를 모르고서는 성공할 수 없다."
"회계를 실천하는 사람이 부자가 되고 성공하는 사람이 된다."

이런 말을 할 정도로 회계는 우리 일상생활에서 매우 중요한 요소로 자리잡고 있는 것이 사실이지만, 회계를 숫자로 다루다 보니 대부분의 사람들이 회계를 어려운 수학으로 여겨 쉽게 다가가지 못하는 경우가 많다. 그러나 차근차근 원리를 따져보면서 접근하면 회계는 보통 사람이 생각하는 어려운 수학이라기보다 단순한 계산이 존재하는 산수에 가깝다는 것을 알 수 있다.

그동안 저자들은 회계의 비전공자들이 좀 더 쉽게 회계를 이해할 수 있도록 강의하기 위해 노력해 왔다. 그러나 대부분의 교재들이 방대한 분량에 매우 어려운 내용까지 담고 있어 친근하게 다가갈 수 없게 하는 부분이 있었다. 이에 그동안의 강의 경험을 토대로 회계를 공부하고자 하는 사람은 누구나 쉽게 이해하고 공부할 수 있도록 회계원리의 기본적이고 중요한 내용만을 엄선하여 교재를 집필하게 되었다.

회계원리를 공부하는데 있어 기본적이고 중요한 부문을 모두 다루면서 이해하기 쉬운 교재를 만들어 보겠다는 의욕에도 불구하고 여러 가지 부족한 점이 있을 것으로 생각된다. 여러분들의 날카로운 비판과 좋은 의견을 기대한다.

이 책을 내기 까지 많은 격려와 조언을 해준 부천대학교 부동산금융정보학과 여러 교수님들께 감사를 드리며 또한 이 책의 출판을 위해서 아낌없는 배려를 해준 도서출판 두남의 전두표 사장님과 이승구 상무님께도 깊은 감사를 드린다. 끝으로 누구보다도 옆에서 긴 세월을 인내해 준 아내와 아이들에게 고마움과 사랑을 전하고 싶다.

2009년 8월
저 자

차 례

제1장

회계의 기초

제 1 장 회계의 기초

제1절 부기란 무엇인가?

회계학은 회계를 연구하는 학문이다. 회계학의 연구대상인 회계란 무엇인가를 이해하기 위해서는 먼저 이의 기본적 토대가 되는 부기의 개념을 이해할 필요가 있다.

원래 부기의 어원은 '장부기입'이라는 말에서 유래하며, 그의 줄임말로서 부기라고 일컬어진다. 부기(bookkeeping)는 경제주체(가계, 기업, 정부 등)의 경제활동에 따른 재산의 변동사항을 체계적으로 기록할 필요성에 의하여 나타난 것으로 "경제주체의 경제활동에 따른 경제적사건, 즉 거래를 장부에 기록·계산·정리하는 것이다."

이와 같이 부기를 정의한다면 개인의 수입과 지출 또는 가정에서 가계부에의 기록·계산·정리 등도 부기의 범주에 포함할 수 있지만, 이론적 체계로서의 부기는 영리추구를 목적으로 하는 기업의 부기를 의미한다.

부기의 목적은 기업의 일정시점의 재무상태와 일정기간 동안의 경영성과를 파악하여 과거의 경영활동을 검토하고 미래의 합리적인 경영계획을 수립하는데 있다.

부기는 기록 및 계산하는 방식에 따라 단식부기와 복식부기로 나눌 수 있는데, 일반적으로 부기라 하면 복식부기를 의미하며 대부분의 기업에서는 복식부기를 이용하고 있다.

제2절 회계란 무엇인가?

1. 회계정보이용자

우리들은 일상생활에서 기업과 밀접한 관련을 맺으며 살아가고 있다. 이러한 기업은 과거에는 주로 한 개인이 출자를 하고 단독으로 경영하는 개인기업의 형태가 대부분이었으나, 산업이 발달하고 대규모의 자본을 필요로 하게 됨으로서 오늘날 대부분의 기업은 주식회사의 형태를 가지게 되었다.

주식회사란 현대 산업사회의 대규모 기업을 설립·운영하는데 소요되는 대규모의 자본조달과 기업경영의 합리화를 기하기 위하여 형성된 자본적 다수공동기업으로서 자본주의사회에 있어서 가장 이상적이고 대표적인 기업형태이다. 이러한 주식회사는 개인기업과 달리 기업과 직접적 혹은 간접적으로 재무적 이해관계를 가지고, 기업과 관련된 의사결정에 직면해 있는 다양한 이해관계자들과 연관을 맺으며 존속하고 있다.

기업과 이해관계를 가진 이해관계자들은 그들의 기업과 관련된 각종 의사결정을 위하여 기업에 관한 다양한 재무정보를 요구하고 있다. 회계정보이용자란 바로 해당 기업과 이해관계가 있는 사람들이다.

기업의 이해관계자

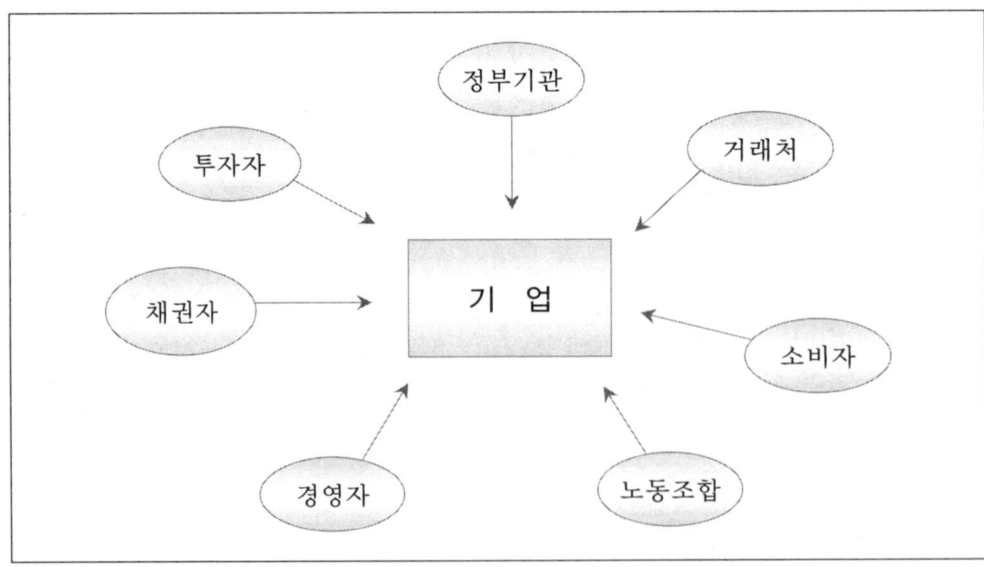

(1) 투자자

이미 기업의 주식이나 채권을 취득한 현재의 투자자들은 현재 보유중인 주식이나 채권을 계속 보유할 것인지, 아니면 처분할 것인지 또는 추가로 취득할 것인지에 대한 의사결정을 하며, 잠재적 투자자들은 어느 기업의 주식이나 채권에 얼마만큼을 투자할 것인지를 결정해야 한다. 이러한 의사결정에 직면해 있는 투자자들은 합리적인 의사결정을 하기 위하여 기업에 대한 재무정보를 필요로 한다.

(2) 채권자

기업활동에 필요한 자금을 대여해준 채권자들은 원금회수의 안정성 및 이자 상환능력을 평가하여 신규 자금의 대여나 기존대여 자금의 연장 및 회수 등에 대한 결정을 하여야 한다. 따라서 채권자들은 이와 같은 의사결정을 할 때 그 기초자료로서 기업에 관한 재무정보를 필요로 한다.

(3) 경영자

경영자는 기업의 목표를 달성하기 위하여 다양한 의사결정을 하는 기업경영의 핵심주체로서, 목표를 수립하고 경영활동을 수행하며 통제활동을 한다. 이러한 활동이 보다 효율적으로 이루어지기 위해서는 기업의 재무상태와 경영성과를 파악하여 기업의 전략 및 목표수립이 이루어져야 합리적인 기업경영을 수행할 수 있다. 경영자는 이와 같은 의사결정을 행할 때 그 기초자료로서 기업의 재무정보를 필요로 한다.

(4) 정부기관

정부나 과세당국은 경영성과에 대한 과세, 각종 기부금 및 성금의 산정, 기업에 관련된 정책 등을 수립하여야 한다. 정부기관은 이를 위해서 기업에 관한 재무정보를 필요로 한다.

(5) 노동조합(종업원)

노동조합은 회사와의 근로조건 등에 대한 협상을 하기 위한 기초자료로서, 종업원은 현 직장의 계속근무 여부 등에 대한 의사결정 자료로서 기업에 대한 재무정보를 필요로 한다.

(6) **기타 정보이용자**

거래처는 납품대금의 지급여부, 소비자는 구입한 물품의 가격이나 사후수리 업무 여부, 지역사회는 기업의 환경오염 방지에 대한 투자여부 등에 대한 자료로서 기업에 관한 재무정보를 필요로 한다. 이외에도 다양한 이해관계를 가지고 있는 이해관계자들이 있다.

2. 회계의 정의

회계는 전통적으로 실무적인 기술로 보아 단순히 거래를 기록하고 분류하는 부기의 측면에서 정의하여 회계정보의 생산측면을 강조하였다. 그러나 오늘날에는 회계정보의 이용측면을 강조하여 회계를 정의하고 있다.

1966년 미국회계학회(American Accounting Association)가 발표한 "기초적 회계이론에 관한 보고서"에 의하면 회계(accounting)를 다음과 같이 정의하고 있다.

"회계란 회계정보이용자가 합리적인 판단이나 의사결정을 할 수 있도록 기업실체에 관한 유용한 경제적 정보를 식별·측정·전달하는 과정이다."

(accounting may be defined as the process of identifying, measuring, and communicating economic information to permit informed judgements and decisions by users of the information)

이 회계정의는 회계가 단순히 거래를 기록·계산·정리하는 과정이라는 기술론적 범주를 벗어나, 회계정보이용자의 이용측면을 중시하고 이에 따라 정보이용자들의 의사결정에 대하여 유용한 경제적 정보를 제공하는 것을 회계의 목적으로 하고 있다.

위의 회계정의에서 식별(identification)이란 어떠한 사건이 회계정보의 대상이 되는지의 여부를 판별하는 것을 의미하며, 측정(measurement)이란 선정된 정보에 수치(화폐금액)를 부여하여 계량화 한다는 것을 의미하며, 전달(communication)이란 식별되고 측정된 회계정보를 필요로 하는 정보이용자에게 보고하는 것을 의미한다.

이와 같이 회계는 식별, 측정, 전달이 순차적으로 이루어지는 유기적인 과정이라 할 수 있다. 이러한 과정을 도시하면 그림과 같다.

결국 회계란 기업활동을 수행하는 과정에서 발생하는 수많은 경제적 사건들을 체계적으로 기록·계산·정리하여 보고함으로써 회계정보를 이용하여 기업과 관련된 의사결정을 하는 사람들에게 도움을 주는 것을 회계라 할 수 있다.

회계정보시스템의 프로세스

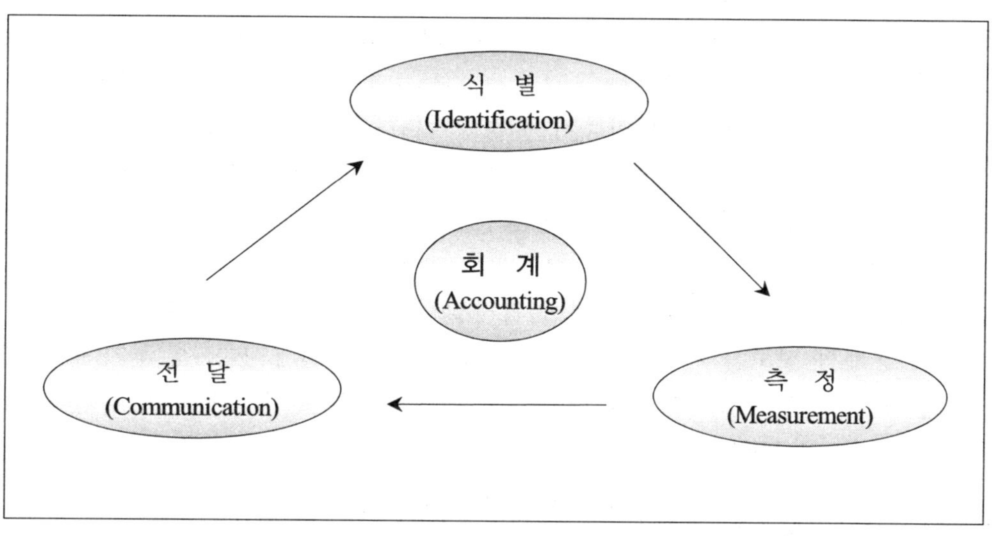

3. 부기와 회계

많은 사람들은 일반적으로 부기와 회계를 동일한 것으로 생각하기도 하는데 부기와 회계는 동일한 것이 아니며 구별되는 개념이다.

부기는 단순히 기업의 경영활동에 따른 경제적 사건을 장부에 기록·계산·정리하여 경제적 정보를 생산하는 과정을 의미하는 것이나, 회계는 경제적 정보를 생산하는 것 뿐만 아니라 생산된 정보가 정보이용자의 의사결정에 유용한 정보가 되도록 생산된 정보를 분석하고 전달하는 과정을 총칭하는 일련의 정보전달과정이라는 점에서 차이가 있다.

정보의 생산이 없다면 정보이용자의 의사결정에 유용한 정보를 제공할 수는 없을 것이다. 따라서 부기는 회계의 중요한 일부분으로서 정보이용자의 의사결정에 유용한 정보를 생산하는 기능을 담당하고 있으므로 회계의 기본은 부기에서 출발하고 있다고 할 수 있다.

4. 회계의 분류

회계의 목적은 기업을 둘러싸고 있는 이해관계자 즉, 회계정보이용자의 경제적 의사결정에 대하여 유용한 경제적 정보를 제공하는데 있다. 회계정보이용자는 투자자, 채권자, 경영자, 정부관련기관, 종업원과 노동조합, 거래처와 소비자 등 다양하게 존재하나, 크게는 기업내부정보이용자와 외부정보이용자로 구분할 수 있다. 내부정보이용자는 경영자나 관리자 등이 있으며, 외부정보이용자는 투자자나 채권자 등이 있다. 회계는 이러한 정보이용자에 따라 회계영역을 재무회계와 관리회계로 나눌 수 있다.

재무회계(financial accounting)는 투자자나 채권자 등과 같은 기업외부의 정보이용자들에게 기업과 관련된 경제적 의사결정을 합리적으로 수행할 수 있도록 유용한 경제적 정보를 제공하는 것을 목적으로 하는 회계이다. 즉 투자자나 채권자들이 합리적인 의사결정을 할 수 있도록 기업의 재무상태, 경영성과 등에 관한 정보를 제공하는 분야이다.

회계정보이용자 { 내부정보이용자 : 경영자, 관리자
외부정보이용자 : 투자자, 채권자

관리회계(managerial accounting)는 기업내부의 정보이용자인 경영자에게 관리적 의사결정에 유용한 정보를 제공하는 것을 목적으로 하는 회계이다. 즉 기업의 경영자가 경영의사결정을 합리적으로 수행할 수 있도록 유용한 정보를 제공하는 분야이다.

주된 정보이용자가 다르기 때문에 재무회계와 관리회계는 목적, 보고대상, 원칙 및 정보의 방향과 범위 등에 있어서 차이가 있다.

재무회계와 관리회계

내 용	재 무 회 계	관 리 회 계
목 적	외부정보이용자(투자자, 채권자 등)의 경제적 의사결정에 유용한 정보제공	내부정보이용자(경영자 등)의 관리적 의사결정에 유용한 정보제공
보고대상	투자자, 채권자 등	경영자 등
원 칙	일반적으로 인정된 회계원칙의 준수	통일된 회계원칙이 없다
정보의 방향과 범위	과거지향적이며 화폐적 정보를 중심으로 한다.	미래지향적이며 비화폐적 정보도 포함한다.

제3절 재무회계와 재무제표

1. 재무제표의 의의와 종류

재무회계는 기업외부의 정보이용자들에게 유용한 정보를 제공하는 분야이다. 따라서 재무회계는 투자자나 채권자 등 기업의 외부정보이용자들이 기업과 관련하여 합리적인 판단이나 의사결정을 할 수 있도록 기업실체에 관한 유용한 경제적 정보를 제공하는데 목적이 있다.

기업은 재무회계의 목적을 달성하기 위하여 기업의 외부정보이용자들에게 기업실체에 관련된 여러 가지 정보를 제공해야 하는데, 이를 위한 대표적인 수단으로 재무제표를 사용한다.

재무제표(financial statements: F/S))란 기업의 경영활동을 요약한 여러 가지 회계보고서를 말한다. 즉, 기업에 관련된 이해관계자에게 기업의 재무상태, 경영성과 등을 보고하기 위하여 일정한 서식으로 작성한 재무보고서를 말한다.

우리 나라 기업회계기준서에서는 정보이용자에게 제공해 주어야 할 공식 재무제표를 지정하고 있는데 그것은 다음과 같다.

대차대조표 : 일정시점 현재 기업의 재무상태에 대한 정보를 제공하는 재무보고서
손익계산서 : 일정기간 동안 기업의 경영성과에 대한 정보를 제공하는 재무보고서
현금흐름표 : 기업의 일정기간 동안에 발생한 현금유출입에 관한 정보를 제공하는 재무보고서
자본변동표 : 기업의 일정기간 동안에 발생한 자본의 변동에 관한 정보를 제공하는 재무보고서
이익잉여금처분계산서 (또는 결손금처리계산서) : 이익잉여금의 처분사항(또는 결손금의 처리사항)을 명확히 보고하기 위한 재무보고서

2. 회계원칙과 외부감사제도

재무제표는 재무보고의 중심적인 수단으로서 이를 통하여 기업실체에 관한 재무적 정보를 외부의 이해관계자들에게 전달하게 된다. 이러한 재무제표가 정보이용자들의 의사결정에 유용하게 사용되기 위해서는 재무제표의 신뢰성을 제고시켜야 할 필요성이 있다. 이를 위한 제도적 장치로서 일반적으로 인정된 회계원칙과 외부감사제도가 있다.

(1) 일반적으로 인정된 회계원칙

오늘날 어느 국가에서나 기업들이 재무제표를 작성할 때 사용해야 할 회계지침을 마련하고 있는데 이를 일반적으로 인정된 회계원칙이라 한다. 일반적으로 인정된 회계원칙(generally accepted accounting principles: GAAP)이란 기업실체에 영향을 미치는 경제적 사건을 재무제표 등에 보고하는 방법을 기술한 것으로 회계실무를 행할 때 준수해야 할 행위의 지침이며, 회계실무를 이끌어 나가는 지도원리가 된다.

회계원칙을 제정하는 이유는 재무제표에 기재된 회계정보의 신뢰성과 유용성을 제고시키기 위해서이다. 즉, 재무제표의 작성에 대한 책임은 경영자에게 있다. 그러나 기업의 경영자에게 모든 회계처리를 자의적인 판단에 일임하게 되면 고의 또는 실수에 의해서든 재무제표가 왜곡될 우려가 있으며, 재무제표를 작성하는 방법이 기업간·기간간에 차이가 발생할 경우 재무제표의 비교가능성이 저하되어 결과적으로 회계정보의 유용성이 감소할 것이기 때문에 이러한 회계원칙이 필요하다.

우리나라의 경우 기업이 회계처리를 할 때 지켜야 할 규범으로서 기업회계기준을 공표하고 있다. 그러나 기업회계기준은 조문식으로 기술되어 있어 실무상 적용하는데 필요한 상세규정이 미흡할 뿐 아니라, 국제회계기준과 직접 비교하기 어렵다는 비판에 따라 한국회계연구원에서는 기업회계기준을 기업회계기준서로 대체하여 제정하는 작업을 계속 진행하고 있다. 따라서 앞으로 기업회계기준은 기업회계기준서의 내용으로 점차적으로 대체되고 있는 실정이다. 기업회계기준서에서 사용하는 용어인 기업회계기준은 주식회사의 외부감사에 관한 법률(외감법)의 규정에 의한 회계처리기준을 말하며, 기업회계기준서와 기업회계기준해석서 및 이에 대체되지 않은 기업회계기준 등을 포함한다.

(2) 외부감사제도

일반적으로 인정된 회계원칙과 함께 재무제표의 유용성 제고를 위한 제도적 장치로 외부감사제도(external auditing)가 있다. 일반적으로 인정된 회계원칙이 아무리 잘 만들어져 있다 하더라도 기업 외부의 이해관계자들이 경영자의 책임하에 작성·공표되는 재무제표가 일반적으로 인정된 회계원칙을 준수하여 작성되었는지를 확인하기는 어렵다.

따라서 기업과는 독립적인 위치에 있는 회계전문가(공인회계사: certified

public accountant: CPA)로 하여금 기업의 재무제표가 일반적으로 인정된 회계원칙에 따라 적정하게 작성되었는지 여부를 감사한 후 전문가로서의 감사의견을 표명하도록 함으로써 회계정보의 신뢰성을 부여하도록 한 제도가 외부감사제도이다. 현행 "주식회사의외부감사에관한법률"에 의하면 직전 사업년도의 자산총액이 70억원 이상인 주식회사는 회계법인으로부터 반드시 연 1회 외부감사를 받도록 되어 있다.

감사의견에는 적정의견과 비적정의견이 있다. 적정의견은 재무제표가 일반적으로 인정된 회계원칙을 준수하여 작성되었다는 것을 확인해 주는 것이며, 비적정의견은 그렇지 않다는 것을 확인해 주는 의견이다. 비적정의견에는 한정의견, 부적정의견, 의견거절 등이 있다. 외부감사에서 비적정의견을 받은 기업은 주가하락, 차입금리 상승 등의 악영향을 받는 것은 물론, 주식시장에서 여러 가지 제도적인 규제를 받게 된다.

제2장

대차대조표와 손익계산서

제 2 장 대차대조표와 손익계산서

재무제표는 기업의 경영자가 기업 외부의 정보이용자에게 한 회계기간 동안 기업에서 일어난 경제적 사건과 그 결과에 대한 정보를 제공하기 위한 수단으로 이용하는 것이다. 우리나라 기업회계기준서에서는 정보이용자에게 제공해 주어야 할 공식 재무제표로 대차대조표, 손익계산서, 이익잉여금처분계산서(또는 결손금처리계산서), 현금흐름표, 자본변동표 등을 규정하고 있다. 제2장에서는 대표적인 재무제표인 대차대조표와 손익계산서에 대해 살펴보기로 한다.

제1절 대차대조표

대차대조표(balance sheet: B/S)는 일정시점 현재 기업의 재무상태 즉, 일정시점 현재 기업이 보유하고 있는 경제적 자원인 자산과 경제적 의무인 부채, 그리고 자본에 대한 정보를 제공하는 재무보고서이다.

재무상태란 일정시점에 있어서 기업의 재산상태를 말하는 용어인데, 일반적으로 개인의 재산은 총재산에서 빚을 제외한 순재산을 의미하지만, 기업의 재산에 대한 개념은 총재산을 의미한다. 즉 남의 돈 내 돈 구별없이 회사의 명의로 되어 있는 것은 모두 기업의 재산으로 간주한다.

경제적 측면에서 남의 돈을 타인자본이라고 하고, 내 돈을 자기자본이라고 하며 이들의 합계액을 총자본이라고 한다. 타인자본은 기업이 미래에 갚아야 할 빚이므로 부채라고 하고, 자기자본은 장사나 사업 등의 기본이 된다는 의미에서 자본이라고 하며, 부채와 자본의 합을 자산이라고 한다. 이 식을 대차대조표 등식 또는 회계등식이라고 한다.

총재산 = 남의 돈 +내 돈
총자본 = 타인자본 + 자기자본
자 산 = 부 채 + 자 본 → 대차대조표 등식 (회계등식)

그리고 이 등식에 의해서 작성되어 일정시점에 있어서의 재무상태를 나타내주는 재무보고서를 대차대조표라고 한다. 이를 도시하면 다음과 같다.

대 차 대 조 표

자 산	부 채
	자 본

예를 들어, (주)UT는 2008년 중에 영업활동을 위하여 건물을 1억원에 구입하였는데 은행대출 4천만원과 자기자본 6천만원을 투자하였다면 이를 다음과 같이 나타낼 수 있다.

자산 (₩100,000,000) = 부채(₩40,000,000) + 자본(₩60,000,000)

대 차 대 조 표

(주)UT 20x8년 12월 31일 (단위: 원)

자 산	100,000,000	부 채	40,000,000
		자 본	60,000,000
	100,000,000		100,000,000

대차대조표의 왼쪽은 기업이 소유하고 있는 자산을 표시하고, 오른쪽은 기업자산의 조달원천인 부채와 자본을 표시하며 왼쪽과 오른쪽은 금액이 일치되어 균형상태를 이루게 된다. 또한 대차대조표에는 대차대조표라는 재무보고서의 명칭, 회사명, 대차대조표 작성기준일, 금액단위을 표시하여야 한다.

1. 자 산

기업이 경영활동을 하기 위해서는 현금, 비품, 차량운반구, 건물, 토지 등과 같은 재화가 필요하며, 상품매매기업의 경우에는 영업활동의 대상이 되는 상품이라는 재화를 보유하여야 한다. 그리고 경영활동에 따라서 각종의 채권이 발생하게 된다.

현금은 지폐, 주화 등 가장 기본적인 재화이며, 현금을 타인에게 대여한 경우 대여금이라는 채권이 발생한다. 상품은 상품매매기업이 판매를 목적으로 보유하는 재화이고, 상품을 외상으로 판매하는 경우 매출채권이라는 채권이 발생한다. 비품, 차량운반구, 건물, 토지 등은 기업이 사용할 목적으로 보유하는 재화이며, 이를 외상으로 처분하는 경우 미수금이라는 채권이 발생한다. 또한 연구개발활동의 결과 신제품의 제조에 성공하면 특허권과 같은 법률상의 권리도 취득하게 된다.

이와 같이 기업이 소유하고 있는 현금, 상품, 비품, 차량운반구, 건물, 토지, 등의 재화와 매출채권, 대여금, 미수금 등의 채권 그리고 특허권 등과 같은 법률상의 권리를 자산(assets)이라고 한다. 재화는 처분을 통해 현금이 유입될 것이고, 채권은 약정기일이 되면 현금이 유입될 것이다. 즉, 자산은 미래에 경제적 효익(미래의 순현금 유입을 창출할 수 있는 잠재력)을 창출할 것으로 기대되는 자원이다.

2. 부 채

기업은 경영활동에 따라서 미래의 어느 시점에 제3자에게 현금을 지급해야하는 채무를 가지는 경우가 있다. 예를 들면, 자금을 차입하는 경우, 상품을 외상으로 매입하는 경우 등으로 인하여 채무를 부담하게 된다.

여기에서 현금을 타인으로부터 차용한 경우에 발생하는 채무를 차입금이라고 하며, 상품을 외상으로 구입한 경우에 발생하는 채무를 매입채무 그리고 상품이외의 재화를 외상으로 구입하는 경우에 발생하는 채무를 미지급금이라고 한다.

차입금, 매입채무, 미지급금 등은 미래에 현금으로 상환해야 할 의무이다. 이와 같이 기업이 미래에 일정한 금액을 갚아야 할 채무를 부채(liabilities)라고 한다. 부채는 약정기일이 되면 현금이 지급될 것이다. 즉, 부채는 미래에 현금 유출이 예상되는 의무이다.

3. 자 본

자본(capital)이란 기업자산에 대한 소유주 또는 주주의 지분(몫)을 의미한다.

즉, 자본은 기업이 소유하고 있는 자산총액에서 채권자에게 갚아야 할 부채총액을 차감한 잔액을 말하며 순자산이라고도 한다.

자본은 발생원천에 따라 크게 자본금과 이익잉여금으로 구분할 수 있다. 자본금은 주식발행을 통하여 필요한 자금을 조달할 경우 주주가 기업에 출자한 금액을 말한다. 그리고 이익잉여금은 기업의 경영활동 결과 수익이 비용을 초과하여 이익이 발생할 경우 이 이익을 누적시켜 놓은 금액을 말한다. 따라서 자본(순자산)의 증가는 주식발행을 통한 자본금의 증가를 통해서도 가능하고, 기업의 영업활동 결과 이익이 발생할 경우 이익잉여금의 증가를 통해서도 가능하다. 자본은 자산에서 부채를 차감한 금액이며, 순이익 이외에 다른 자본의 변동이 없다면 이익잉여금은 자본에서 자본금을 차감한 금액이다.

자산 − 부채 = 자본
자본 = 자본금 + 이익잉여금

예제 2-1 다음은 (주)UT의 20x8년 12월 31일 현재 재무상태이다. 이 자료를 이용하여 대차대조표를 작성하시오 (단위: 천원).

현 금	₩10,000	매출채권	₩35,000	상 품	₩40,000
토 지	20,000	건 물	55,000	비 품	60,000
매입채무	30,000	차 입 금	50,000	자 본 금	100,000

풀이

대 차 대 조 표

(주)UT 20x8년 12월 31일 (단위: 천원)

현 금	10,000	매입채무	30,000
매출채권	35,000	차 입 금	50,000
상 품	40,000	자 본 금	100,000
토 지	20,000	이익잉여금	40,000
건 물	55,000		
비 품	60,000		
	220,000		220,000

예제 2-2 다음 (주)신승의 20x8년 12월 31일 현재 자산, 부채, 자본에 의하여 대차대조표를 작성하시오 (단위: 천원).

대 여 금	₩100,000	이익잉여금	₩100,000	매출채권	₩120,000
비 품	50,000	현 금	50,000	미지급금	60,000
토 지	100,000	건 물	100,000	미 수 금	60,000
매입채무	100,000	상 품	70,000	차 입 금	30,000

풀이

대 차 대 조 표

(주)신승 20x8년 12월 31일 (단위: 천원)

차변	금액	대변	금액
현 금	50,000	매입채무	100,000
매출채권	120,000	차 입 금	30,000
대 여 금	100,000	미지급금	60,000
미 수 금	60,000	자 본 금	360,000
상 품	70,000	이익잉여금	100,000
토 지	100,000		
건 물	100,000		
비 품	50,000		
	650,000		650,000

제2절 손익계산서

손익계산서(income statement: I/S 또는 profit and loss statement: P/L)는 일정기간 동안의 기업의 경영성과에 대한 정보를 제공하는 재무보고서이다. 기업의 경영성과란 일정기간 동안의 기업의 경영활동 결과 나타난 경제적 성과를 말하며, 경영활동 결과 발생한 수익과 비용의 차이인 순손익으로 평가한다. 순손익이란 순이익과 순손실을 합한 말이며 일정기간 동안 영업활동을 한 결과(영업성적)를 의미한다. 따라서 손익계산서는 주주들에게는 경영자의 기업 경영성적을 평가할 수 있는 자료가 되며, 채권자들은 투자액의 회수가능성을 판단해 볼 수 있으며, 미래의 투자자들에게는 기업의 장래성을 평가하는 중요한 자료가 된다.

예를 들어, 피아노 도매상인 (주)명음은 20x8년 1월 1일부터 20x8년 12월 31일까지 피아노의 판매와 수리 등을 통하여 ₩100,000,000을 벌어 들였고, 이 금액을 벌기 위해 피아노의 구입, 기사의 급여, 임차료 등으로 ₩60,000,000을 지출하고 남은 금액이 ₩40,000,000 이었다면, 이때 1년 동안 기업의 영업활동에 의해 총 벌어들인 금액을 '수익'이라 하고, 벌기 위해 쓴 금액을 '비용'이라고 하며 남은 금액을 '이익'이라고 한다. 반면, 비용이 수익을 초과하면 손실이 발생한다.

> 총 벌어들인 금액 − 버는데 쓴 금액 = 남은 금액
> (₩100,000,000) − (₩60,000,000) = (₩40,000,000)
>
> 수익 − 비용 = 이익 또는 비용 − 수익 = 손실

따라서 비용 + 이익 =수익이 되며 또는 비용 =수익 + 손실이라는 식이 성립된다. 이 등식을 손익계산서 등식이라고 한다. 그리고 이 등식에 의해서 작성되어 일정기간 동안의 경영성과를 나타내 주는 재무보고서를 손익계산서라고 한다. (주)명음의 손익계산서를 작성해 보면 다음과 같다.

손 익 계 산 서

(주)명음 20x8년 1월 1일 ~ 20x8년 12월 31 (단위:원)

비 용	60,000,000	수 익	100,000,000
순 이 익	40,000,000		
	100,000,000		100,000,000

손익계산서도 대차대조표와 마찬가지로 왼쪽과 오른쪽으로 나누어 왼쪽에 비용을, 오른쪽에 수익을 기록하고 순이익은 수익과 비용의 차액으로 왼쪽에 기록한다. 물론, 순손실이 발생하는 경우에는 왼쪽에는 비용이 오른쪽에는 수익과 순손실이 기록된다. 또한 손익계산서에는 손익계산서라는 재무보고서의 명칭, 회사명, 손익계산서 작성기간, 금액단위를 반드시 표시하여야 한다.

1. 수 익

수익(revenue)이란 일정기간 동안 기업의 영업활동을 통하여 고객에게 재화

나 용역(서비스)을 제공하고 그 대가로 획득한 금액을 말한다. 예를 들면, 고객에게 상품을 판매하고 얻은 대가, 용역을 제공하고 얻은 수수료, 건물 등의 자산을 빌려준 대가, 예금에 대한 이자 등이 이에 해당한다. 여기에서 고객에게 상품을 판매하고 얻은 대가를 매출액이라고 하고, 상품매매에 따른 중개수수료 수입 등 고객에게 용역을 제공하고 얻은 수수료를 수수료수익이라 하며, 건물 등의 자산을 빌려준 대가로 발생한 수익을 임대료, 예금에 대한 이자를 이자수익이라고 부른다.

매출액 : 고객에게 상품을 판매하고 얻은 대가
수수료수익 : 고객에게 용역을 제공하고 얻은 대가
임대료 : 건물 등의 자산을 빌려주고 얻은 대가
이자수익 : 예금 등에 대한 이자
배당금수익 : 다른 기업의 주식 투자를 통해 받은 배당금

영업활동 결과를 일목요연하게 기록·정리하기 위해서는 이와 같이 간단하게 표현되면서 그 내용을 충분히 알 수 있는 용어를 사용하여야 한다. 수익은 영업활동의 내용에 따라 다양한 성격의 수익들이 발생할 수 있는데, 이 때에는 해당수익의 내용을 잘 설명해 주는 용어를 사용하여 기록·정리하면 된다.

2. 비 용

비용(expense)이란 일정기간 동안 수익을 획득하기 위하여 유출 또는 소비된 경제적 자원을 말한다. 예를 들면, 고객에게 판매한 상품의 원가나 영업활동을 위한 경비 등이 이에 해당한다.

비용을 기록·정리하기 위하여 사용하는 용어들을 요약하면 다음과 같다. 이외에도 여러 가지 성격의 비용들이 발생할 수 있는데, 이 경우에도 적절한 용어를 사용하여 기록·정리하면 된다.

매출원가 : 고객에게 판매한 상품의 원가
급 여 : 임직원의 임금 지급액
수수료비용 : 용역을 제공받은 대가로 지급한 수수료
임 차 료 : 건물 등의 자산을 빌려서 사용한 대가로 지급한 비용
광고선전비 : 상품에 대한 광고선전활동을 위하여 지출된 비용
여비교통비 : 임직원의 출장경비나 교통비 지출액

이자비용 : 차입금에 대한 지급이자

소모품비 : 종이, 볼펜, 차, 음료수 등의 소모품비 지출액

세금과공과 : 자동차세, 재산세, 적십자회비, 협회비, 벌금 등에 지출된 비용

한편, 비용과 비슷한 개념으로 손실(loss)이란 용어가 있다. 손실이란 비용에서 수익을 차감한 개념으로서 비용이 수익을 초과한 금액을 말한다. 예를 들어, 원가 ₩1,000,000원의 상품을 ₩800,000원에 판매하였다면 ₩200,000원의 손실이 발생한다. 또한 손실은 특정기간의 영업활동과 관계없이 발생한 경제가치의 소멸, 즉 수익과 관계없이 발생한 자기자본의 감소를 의미하기도 한다.

예제 2-3 다음은 (주)UT의 20x8년 1월 1일부터 20x8년 12월 31일까지의 수익과 비용에 관한 자료이다. 손익계산서를 작성하시오 (단위: 천원).

매 출 액	₩344,000	매출원가	₩200,000	급 여	₩64,000
이자수익	170,000	임 차 료	120,000	수수료비용	40,000
소모품비	10,000	이자비용	20,000		

풀이

손 익 계 산 서

(주)UT 20x8.1.1-20x8.12.31 (단위: 천원)

매출원가	200,000	매 출 액	344,000
급 여	64,000	이자수익	170,000
임 차 료	120,000		
소모품비	10,000		
수수료비용	40,000		
이자비용	20,000		
당기순이익	60,000		
	514,000		514,000

예제 2-4 다음은 (주)신승의 20x8년 1년 동안의 수익과 비용에 대한 자료이다. 이 자료를 이용하여 손익계산서를 작성하시오(단위: 원).

상품매출이익	₩2,500,000	세금과공과	₩120,000

임 대 료	900,000	급 여	2,600,000	이자수익	800,000
이자비용	120,000	보 험 료	400,000	임 차 료	240,000
여비교통비	750,000	접 대 비	60,000		

풀이

손 익 계 산 서

(주)신승 20x8.1.1 - 20x8.12.31 (단위: 원)

차변	금액	대변	금액
급 여	2,600,000	상품매출이익	2,500,000
보 험 료	400,000	임 대 료	900,000
임 차 료	240,000	이 자 수 익	800,000
여비교통비	750,000	당기순손실	90,000
세금과공과	120,000		
이 자 비 용	120,000		
접 대 비	60,000		
	4,290,000		4,290,000

제3절 대차대조표와 손익계산서의 관계

1. 회계기간

기업의 경영활동은 영업을 시작하는 날로부터 폐업하는 날까지 계속된다. 따라서 그 기간 전체를 두고 재무상태와 경영성과를 파악하게 되면 기업을 둘러싸고 있는 여러 이해관계자들의 정보욕구를 충분히 충족시켜 줄 수 없게 된다. 이러한 이유로 기업에서는 일정기간(분기, 6개월 또는 1년)마다 기업의 재무상태와 경영성과 등을 파악하여 이해관계자에게 보고한다. 이와 같이 인위적으로 3개월, 6개월 또는 1년 등으로 구분한 기간을 회계연도 또는 회계기간이라고 하며, 구분된 회계기간에 따라 작성된 재무제표를 분기재무제표, 반기재무제표 혹은 연차재무제표라고 한다.

그리고 한 회계연도가 시작되는 시점을 기초라 하고 끝나는 시점을 기말이라고 하며, 해당 회계기간을 당기라 하고, 이전 회계기간을 전기, 다음 회계기간을 차기라고 한다. 예를 들어 회계기간이 2008년 1월 1일에 시작하여 2008년

12월 31일로 종료되는 경우, 1월 1일을 기초라고 하고 12월 31일을 기말이라고 하며, 2008년의 회계기간을 당기, 2007년의 회계기간을 전기 그리고 2009년의 회계기간을 차기라 한다. 회계기간은 일반적으로 1년을 한 회계기간으로 하고 있다.

회계기간과 재무제표

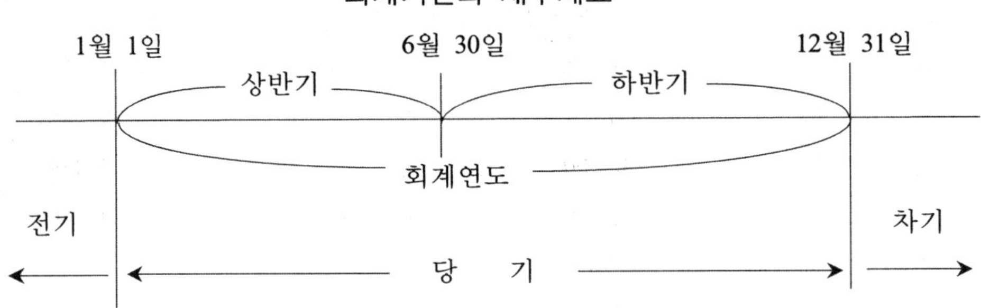

2. 대차대조표와 손익계산서의 관계

대차대조표는 일정시점의 재무상태를 나타내고, 손익계산서는 일정기간 동안의 경영성과를 표시하는 재무제표이다. 일정시점이란 기초와 기말을 의미하고, 일정기간이란 회계기간(기초부터 기말까지의 기간)을 의미한다. 따라서 기초 또는 기말이라는 시점에서 자산, 부채 및 자본이 어떻게 구성되어 있는가를 나타내는 것이 대차대조표이고, 기초의 대차대조표에 표시된 경제적 자원으로서의 자산을 영업활동 과정에서 어떻게 활용하여 기초에서 기말까지의 회계기간 동안 얼마만큼의 순손익을 창출하였는가를 표시해 주는 것이 손익계산서이다.

예를 들어, (주)여우사이의 기초대차대조표는 20x8년 1년 동안 영업활동을 수행한 결과 기말대차대조표상에는 자산, 부채, 자본의 구성항목과 금액이 변화되어 있다. 이는 1년 동안의 영업활동을 통한 경제적 사건, 즉 거래가 반영된 결과이며, 이러한 변화가 결과적으로 당기순이익 또는 당기순손실로 나타난다. 그리고 수익과 비용이라는 개념을 이용하여 어떤 과정을 거쳐서 당기순손익을 창출하였는지를 설명하는 것이 손익계산서이다.

(주)여우사이의 손익계산서를 보면 20x8년 1년 동안 총수익에서 총비용을 차감하여 계산되는 당기순이익은 ₩10,000원이다. 이와 같이 계산된 손익계산서상의 당기순이익은 기초대차대조표상의 자본에 가산되어 기말대차대조표상의

자본이 된다. 즉, 영업활동을 통해서 창출된 손익계산서상의 당기순이익은 기말대차대조표상의 이익잉여금에 가산되어 궁극적으로 기말대차대조표상의 자본의 증가를 나타내게 된다.

기 초 대 차 대 조 표

(주)여우사이 20x8. 1. 1 (단위: 원)

자 산		부 채	
현 금	500,000	자 본	
		자 본 금	500,000
	500,000		500,000

기 말 대 차 대 조 표

(주)여우사이 20x8. 12. 31 (단위: 원)

자 산		부 채	
현 금	385,000	매입채무	50,000
소 모 품	5,000	차 입 금	250,000
상 품	20,000	자 본	
비 품	100,000	자 본 금	500,000
건 물	300,000	이익잉여금	10,000
	810,000		810,000

손 익 계 산 서

(주)여우사이 20x8.1.1 - 20x8.12.31 (단위: 원)

비 용		수 익	
매출원가	60,000	매 출 액	100,000
급 여	40,000	임 대 료	30,000
이자비용	20,000		
당기순이익	10,000		
	130,000		130,000

3. 당기순이익의 계산

대차대조표와 손익계산서간의 연관관계를 통해서 대표적인 기업경영성과 지표인 당기순이익은 다음과 같은 두 가지 방식으로 계산할 수 있음을 알 수 있다.

(1) 재산법

대차대조표상의 기말자본과 기초자본의 비교를 통해서 당기순이익을 계산하는 방법을 재산법(assets and liabilities method)이라고 한다. 즉, 당기순이익은 기말자본에서 기초자본을 차감하여 계산하며, 당기순이익이 발생하면 자본이 증가한다는 점을 이용한 방법이다. 반대로 기말자본이 기초자본보다 적을 경우에는 순손실이 발생한다.

재산법은 현실적으로 보유하는 재산의 실지조사로 순자산액을 확인함으로써 순손익을 계산하기 때문에 객관적인 순손익 계산을 할 수 있다는 장점이 있다. 그러나 재산법은 두 시점에 있어서의 순자산액을 상호 비교함으로써 계산되므로 순손익은 총액으로서만 표시될 뿐 그 발생원천이 어디에 있는지를 명백하게 알 수 없다는 결점이 있다.

(2) 손익법

손익계산서상의 총수익과 총비용을 비교하여 당기순이익을 계산하는 방법을 손익법(profit and loss method)이라고 한다. 즉, 일정기간 동안 영업활동을 통하여 벌어들인 총수익에서 이를 획득하는데 소요된 총비용을 차감함으로서 순손익을 계산하는 방법이다.

손익법은 수익과 비용에 대한 조직적인 장부기록으로부터 유도되어 계산되기 때문에 순손익의 발생원인을 명백하게 밝혀준다. 회계에서는 재산법 대신에 손익법을 적용하여 순손익을 계산하도록 하고 있다.

[재산법]	[손익법]
기말 순자산(자본)	총 수 익
-기초 순자산(자본)	-총 비 용
당기순손익	당기순손익

재산법	(기말자산－기말부채)－(기초자산－기초부채) = 당기순손익 기말자본 － 기초자본 = 당기순손익
손익법	총수익 － 총비용 = 당기순손익

예제 2-5 다음 자료를 이용하여 순이익을 재산법과 손익법에 의해 각각 산출하시오.

기초자산	₩100,000	기초부채	₩0	기말자산	₩200,000
기말부채	80,000	수 익	300,000	비 용	280,000

풀이

① 재산법

순이익 = 기말자본－기초자본
= (기말자산－기말부채)－(기초자산－기초부채)
= (₩200,000－₩80,000)－(₩100,000－₩0)
= ₩20,000

② 손익법

순이익 = 수익－비용
= ₩300,000－₩ 280,000
= ₩20,000

연습문제

(1) 다음은 자산, 부채, 자본, 수익, 비용항목들을 기록 · 정리하기 위하여 사용하는 용어들이다. 각각 어디에 속하는지 식별하시오.

1. 현 금 ( )	2. 임 대 료 ( )	3. 미 수 금 ( )
4. 건 물 ( )	5. 받을어음 ( )	6. 비 품 ( )
7. 보 험 료 ( )	8. 미지급금 ( )	9. 차 입 금 ( )
10. 임 차 료 ( )	11. 이자비용 ( )	12. 이자수익 ( )
13. 잡 손 실 ( )	14. 매 출 액 ( )	15. 매출원가 ( )
16. 급 여 ( )	17. 상 품 ( )	18. 재해손실 ( )
19. 토 지 ( )	20. 기계장치 ( )	21. 소 모 품 ( )
22. 접 대 비 ( )	23. 잡 비 ( )	23. 잡 이 익 ( )
25. 지급어음 ( )	26. 대 여 금 ( )	27. 자 본 금 ( )
28. 소모품비 ( )	29. 기 부 금 ( )	30. 이익잉여금 ( )
31. 외상매출금 ( )	32. 외상매입금 ( )	33. 광고선전비 ( )
34. 여비교통비 ( )	35. 배당금수익 ( )	36. 세금과공과 ( )
37. 차량운반구 ( )	38. 수수료수익 ( )	39. 수수료비용 ( )

HINT

* 자산 : 1, 3, 4, 5, 6, 17, 19, 20, 21, 26, 31, 37
* 부채 : 8, 9, 25, 32
* 자본 : 27, 30
* 수익 : 2, 12, 14, 24, 35, 38
* 비용 : 7, 10, 11, 13, 15, 16, 18, 22, 23, 28, 29, 33 34, 36, 39

(2) (주)햇살의 20x8년 12월 31일의 재무상태는 다음과 같다. 이 자료에 의하여 (주)햇살의 대차대조표를 작성하시오(단위: 원). 단, 기초자본금은 ₩400,000이다.

현 금	₩80,000	외상매출금	₩465,000	상 품	₩450,000
차입금	250,000	미 수 금	245,000	미지급금	30,000
건 물	700,000	외상매입금	280,000	대 여 금	120,000

HINT

* 이익잉여금 : ₩1,100,000

(3) (주)햇살의 20x8년 1월 1일부터 20x8년 12월 31일 까지 발생한 수익과 비용은 다음과 같다. (주)햇살의 손익계산서를 작성하시오(단위: 원).

상품매출액	₩500,000	매출원가	₩240,000	급 여	₩100,000
광고선전비	5,000	이자비용	10,000	이자수익	40,000
임 차 료	5,000	임 대 료	5,000	소모품비	15,000

HINT

* 당기순이익 : ₩170,000

(4) (주) e-Korea는 20x8년 1월 1일에 현금 ₩500,000을 출자하여 전자제품대리점을 개업하였다. 20x8년 12월 31일 다음과 같은 기말자료에 의하여 대차대조표와 손익계산서를 작성하시오(단위: 원).

현 금	₩300,000	대 여 금	₩250,000	상 품	₩185,000
매출채권	154,000	비 품	15,000	건 물	400,000
매입채무	364,000	매 출 액	300,000	차 입 금	350,000
임 차 료	35,000	급 여	15,000	수수료수익	15,000
이자비용	5,000	광고선전비	5,000	매출원가	165,000

* 당기순이익 : ₩90,000
* 이익잉여금 : ₩90,000

제3장

회계순환과정

제 3 장 회계순환과정

기업이 경영활동을 수행하게 되면 기업에 영향을 미치는 경제적 사건이 발생한다. 이 경제적 사건을 거래라고 한다. 기업의 경영활동과정에서 발생한 거래는 재무제표 작성의 근거가 되는 중요한 경제적 사건이다. 회계순환과정(accounting cycle)이란 거래의 발생으로부터 재무제표가 작성되기까지의 반복적인 과정을 말한다. 즉, 회계요소의 증감변동인 거래를 식별하고 이를 기록·계산·정리하여 재무제표를 작성하기까지의 일련의 회계절차를 회계순환과정이라 하며, 이는 일정기간을 주기로 동일한 업무가 반복적으로 수행된다.

회계순환과정

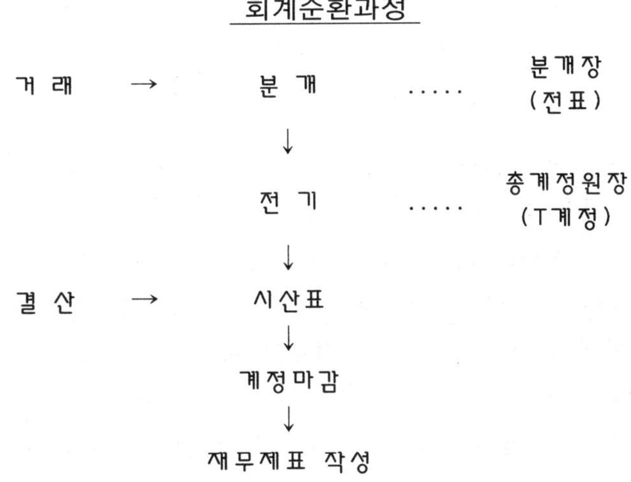

제1절 거래란 무엇인가?

1. 회계상의 거래

회계의 시작은 거래의 발생으로부터 시작된다. 일반적으로 거래(去來)란 주고 받는 행위로서 교환이라는 의미를 내포하고 있다. 그러면 회계상의 거래는 어떠한 의미를 가지고 있을까?

기업은 영업활동을 수행하기 위해 자본을 투자하고 부족한 자금은 차입을 통하여 영업활동에 필요한 차량, 비품, 건물 등을 구입한다. 또한 기업은 이익을 창출하기 위하여 고객들의 욕구를 충족시켜 줄 수 있는 상품을 매입하고, 매입한 상품을 판매하는 활동을 하게 된다.

기업이 현금의 차입이나 차량등과 같은 자산의 구입 및 상품의 매매 등과 같은 경영활동을 하게 되면 자산, 부채, 자본의 증감이나 수익과 비용이 발생한다. 회계에서는 이와 같이 기업의 경영활동에서 기업이 가지고 있는 자산, 부채, 자본의 증감변동과 수익, 비용의 발생을 가져오는 경제적 사건으로서, 그 증감변동을 객관적인 화폐가치로 측정가능한 것을 회계상의 거래(accounting transactions)라고 하며, 이는 장부기록의 대상이 된다. 따라서 회계상의 거래로 인식되기 위해서는 다음의 두 가지 조건을 충족시켜야 한다.

❶ 자산, 부채, 자본의 증감변동과 수익, 비용의 발생을 가져오는 경제적 사건
❷ 증감변동의 크기를 금액으로 측정할 수 있는 경제적 사건

예를 들어, 현금 ₩1,000,000을 출자하여 영업을 개시하였다면, 현금이라는 자산이 ₩1,000,000 증가하는 한편 자본금이라는 자본이 ₩1,000,000 증가하게 되어 자산의 증가와 자본의 증가를 가져오고 화폐가치로서 객관적으로 측정이 가능하기 때문에 회계상의 거래라고 할 수 있다. 그러나 경영자의 교체, 경쟁기업의 출현, 유능한 종업원의 퇴사 등과 같은 사건은 기업의 재무상태와 경영성과에 중요한 영향을 미치는 경제적 사건이지만 화폐가치로 객관적인 측정이 불가능하기 때문에 회계상의 거래로 인식하지 않는다.

일반적인 의미의 거래와 회계상의 거래는 대부분 일치한다. 상품을 매입하고 판매하는 것, 현금을 빌리고 갚는 것, 건물이나 토지를 취득하거나 매각하는 것 등은 일반적으로 거래라고 부르며 회계상으로도 거래가 된다. 그러나 회계상의 거래는 일반적인 의미의 거래와 반드시 일치하는 것은 아니다. 즉, 일

반적인 거래가 회계상의 거래에 해당하지 않는 경우가 있고, 일반적인 거래는 아니지만 회계상의 거래에 해당하는 경우도 있다.

■ 일반적인 거래이지만 회계상의 거래가 아닌 경우

상품의 주문, 건물의 매매 및 임대차계약, 종업원의 채용계약, 상품매매의 약속, 건물 등의 담보설정 등은 일반적으로는 거래라고 하지만, 이들 사건 자체만으로는 기업의 자산, 부채, 자본 및 수익, 비용에 아무런 영향을 미치지 않기 때문에 회계상의 거래로 보지 않는다.

■ 회계상의 거래이지만 일반적인 거래가 아닌 경우

재해나 도난, 파손, 분실에 의한 자산의 감소, 가격하락에 의한 상품가치의 감소 등은 일반적으로는 거래로 보지 않지만, 회계에서는 그만큼 자산이 감소한 것으로 보기 때문에 이를 회계상의 거래로 본다.

예제 3-1 다음 중 회계상의 거래에 ○표 하시오.

① 사무실을 월세 ₩100,000으로 임차하는 계약을 맺다.
② 상품 ₩50,000을 현금으로 구입하다.
③ 거래처로부터 상품 ₩60,000의 주문을 받다.
④ 원가 ₩50,000의 상품을 ₩100,000에 판매하고, 대금은 외상으로 하다.
⑤ 은행에서 현금 ₩50,000을 빌려주기로 약속하다.
⑥ 종업원을 월급 ₩70,000의 조건으로 채용하다.
⑦ 현금 ₩10,000과 상품 ₩20,000을 도난당하다.
⑧ 현금 ₩10,000을 분실하다.
⑨ 차입금에 대한 이자 ₩1,000을 현금으로 지급하다.
⑩ 화재로 인하여 ₩40,000의 상품이 소실되다.
⑪ ₩20,000의 책상을 5일 후에 지급할 약속으로 구입하다.
⑫ 현금 ₩30,000을 은행에 예금하다.
⑬ 홍수로 건물의 일부가 파손되다. 그 평가액은 ₩20,000이다.
⑭ 시간의 흐름에 따라 건물가치가 ₩70,000 하락하다.

풀이

* 회계상의 거래 - ②, ④, ⑦, ⑧, ⑨, ⑩, ⑪, ⑫, ⑬, ⑭

2. 복식부기와 거래의 이중성

(1) 단식부기와 복식부기

기업의 경영활동에서 발생하는 거래가 회계상의 거래로 식별되면 이를 회계 장부에 기록해야 한다. '장부기입'을 부기라 하고, 부기는 기록·계산하는 방식에 따라 단식부기와 복식부기로 나누어진다.

단식부기(single entry bookkeeping)란 거래가 발생하여 장부에 기록할 경우, 거래에 관련된 여러 항목의 유기적인 관계는 무시하고 오직 현금수지의 측면에서만 파악하여 기록하는 장부기록 방식으로 가계부나 현금출납장의 작성을 예로 들 수 있다. 단식부기는 기록방법이 간편하다는 장점이 있으나 재산의 현재상태나 손익의 원인을 쉽게 파악할 수 없다는 단점이 있다.

현 금 출 납 장

(단위: 원)

일 자		적 요	수 입	지 출	잔 액
1	1	전월이월			50,000
	2	책상, 걸상 구입		25,000	25,000
	5	은행에서 이자수취	100,000		125,000
	7	출장여비 지급		10,000	115,000
	9	임차료 지급		30,000	85,000
	11	외상매입금 지급		25,000	60,000
	15	외상매출금 회수	50,000		110,000
	17	전화비 지급		10,000	100,000
	25	수선비 지급		20,000	80,000
	31	급여 지급		50,000	30,000
		계	150,000	170,000	
		전월이월액	50,000		
		당월잔액		30,000	
			200,000	200,000	
2	1	전월이월			30,000

반면, 복식부기(double entry bookkeeping)는 경영활동의 거래가 발생하여 장부에 기록할 때 일정한 원리와 원칙에 따라 자산, 부채, 자본의 증감과 수익, 비용의 발생변화를 그 내용과 금액별로 유기적·조직적으로 기록하는 방식이다. 즉, 복식부기란 모든 거래를 복식으로 기록한다는 의미인데, 여기에서 복식이란 이중적인 기록방법에 의하여 기록하는 것을 말한다. 따라서 복식부기에서는 모든 거래를 원인과 결과로 나누어 이중으로 기록하게 되므로 기록·계산상의 오류나 탈루를 쉽게 알 수 있게 해 주는 자기검증기능(self-control function)을 가진 완전한 기록·계산방식이다. 따라서 오늘날 대부분의 기업에서는 이 복식부기를 사용하고 있으며, 일반적으로 부기라 하면 곧 복식부기를 의미한다.

단식부기와 복식부기의 비교

단 식 부 기	복 식 부 기
• 상식적인 방법으로 기록 • 현금의 출납을 중심으로 기록 • 가계나 소규모기업에서 사용 • 손익계산을 하지 않음 • 정확성이 없음	• 원리와 원칙에 따라 기록 • 모든 재산의 변동상태를 기록 • 기업에서 사용 • 손익계산을 함 • 정확성이 있음

(2) 거래의 이중성

복식부기에서는 모든 거래를 이중기록, 즉 거래가 발생하면 이 거래를 원인과 결과로 나누어 동일한 금액을 각각 두 번 기록한다. 그 이유는 바로 거래의 이중성 때문이다. 거래의 이중성(dual effects)이란 회계상의 거래는 동일금액으로 두 가지의 결과를 초래한다는 것이다. 즉, 거래의 이중성이란 회계상의 거래는 어떤 거래이든 자산, 부채, 자본의 증감이나 수익, 비용의 발생을 초래하는 원인과 결과라는 두 가지 속성이 함께 들어 있다는 것을 의미한다.

예를 들어, 은행에서 현금 ₩100,000을 차입하였다면 이 거래로 인해 현금이라는 자산이 왼쪽에 ₩100,000 증가하고, 차입금이라는 부채가 오른쪽에 ₩100,000 증가한다. 즉, 자산의 증가와 부채의 증가라는 두 가지 사실이 원인과 결과로서 한 거래에서 발생한다. 자산의 증가가 왼쪽에 나타나는 이유는 대차대조표등식 (자산=부채+자본)의 원리 때문이다. 즉, 대차대조표 등식에 의하면 왼쪽의 자산에 증감변화가 발생하면 오른쪽의 부채와 자본에도 동일 금액으로 증감변화가 발생한다. 반대로 오른쪽의 부채와 자본에 증감변화가 발생하면 왼쪽의 자산에도 동일 금액으로 증감변화가 발생하기 때문이다.

자산(현금)의 증가 ₩100,000—부채(차입금)의 증가 ₩100,000

수익과 비용이 발생하는 경우에는 수익의 발생은 오른쪽에, 비용의 발생은 왼쪽에 각각 나타난다. 예를 들어, 이자수익 ₩10,000을 현금으로 받았다면 현금이라는 자산이 ₩10,000 증가하고 이자수익이라는 수익이 ₩10,000 발생하게 된다. 이 경우 자산의 증가는 이미 왼쪽에 표시하였기 때문에 수익은 오른쪽에 나타날 수 밖에 없다. 또한 임차료 ₩5,000을 현금으로 지급하였다면 현금이라는 자산이 ₩5,000 감소하였고 임차료라는 비용이 ₩5,000 발생하게 된다. 자산의 증가가 왼쪽에 표시되었으므로 자산의 감소는 오른쪽에 표시하여야 하고, 따라서 비용의 발생은 왼쪽에 나타날 수 밖에 없다.

자산(현금)의 증가 ₩10,000 - 수익(이자수익)의 발생 ₩10,000
비용(임차료)의 발생 ₩5,000 - 자산(현금)의 감소 ₩5,000

따라서 회계상의 거래는 거래의 이중성에 따라 모든 거래를 원인과 결과로 나누어 동일한 금액을 이중으로 기록하게 된다.

3. 거래의 8요소와 결합관계

거래의 이중성에 따라 회계상의 거래는 왼쪽과 오른쪽에 동일 금액으로 증감변동한다. 기업에서 일어나는 거래는 여러 가지가 있으나 거래에 의해 발생하는 자산, 부채, 자본의 증감 및 수익, 비용의 발생을 분석해 보면 어떠한 거래이든 결국은 자산의 증가와 감소, 부채의 증가와 감소, 자본의 증가와 감소 및 수익과 비용의 발생이라는 8가지 요소로 구성되어 왼쪽과 오른쪽에서 각각 증감변동을 가져온다. 이들 8가지 요소들을 거래의 8요소라고 한다. 거래의 8요소는 왼쪽요소 4가지와 오른쪽 요소 4가지로 구성되며, 이들 왼쪽요소와 오른쪽요소가 서로 결합되어 여러 가지 조합을 이루는 관계를 거래요소의 결합관계라고 한다.

모든 거래는 반드시 왼쪽요소와 오른쪽요소가 서로 여러 가지 형태로 결합함으로써 구체적인 거래의 형태로 나타난다. 즉, 거래요소의 결합에 있어 모든 거래는 왼쪽요소와 오른쪽요소가 대립해서 결합되며, 왼쪽요소끼리 또는 오른쪽요소끼리는 절대로 결합하지 않는다. 예를 들면, 자산의 증가는 자산의 감소, 부채의 증가, 자본의 증가 또는 수익의 발생 중의 하나와 결합되어 일어난다는 것이다. 또한 거래는 꼭 왼쪽요소 하나와 오른쪽요소 하나만이 결합하는 것이 아니라, 양쪽이 서로 하나 이상의 복수의 요소가 결합하는 경우도 많이 있다. 예를 들어, 차입금 ₩100,000과 그에 대한 이자 ₩5,000을 현금으로 지급한 경우의 거래는 부채(차입금)의 감소와 함께 비용(이자비용)의 발생 및 자산(현금)의 감소가 동시에 나타난다.

거래요소의 결합관계를 예를 들어 설명하면 다음과 같다.

거래의 8요소와 결합관계

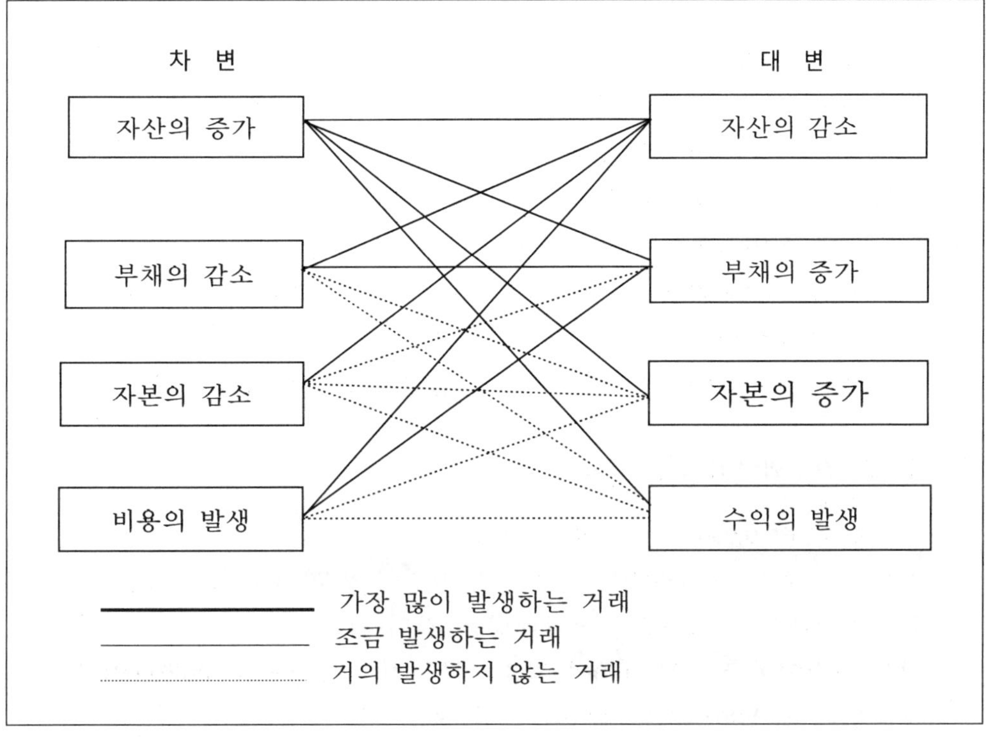

(1) 자산의 증가와 대응되는 거래

① 비품 ₩10,000을 현금으로 구입하다.
자산(비품 ₩10,000)의 증가－자산(현금 ₩10,000)의 감소

② 은행에서 현금 ₩20,000을 차입하다.
자산(현금 ₩20,000)의 증가－부채(차입금 ₩20,000)의 증가

③ 현금 ₩1,000,000을 자본으로 하여 유통업을 개업하다.
자산(현금 ₩,1000,000)의 증가－자본(자본금 ₩1,000,000)의 증가

④ 건물의 임대료 ₩5,000을 현금으로 받다.
자산(현금 ₩5,000)의 증가－수익(임대료 ₩5,000)의 발생

(2) 부채의 감소와 대응되는 거래

① 매입채무 ₩30,000을 현금으로 지급하다.
부채(매입채무 ₩30,000)의 감소－자산(현금 ₩30,000)의 감소

② 현금 ₩40,000을 차입하여 매입채무를 상환하다.
부채(매입채무 ₩40,000)의 감소－부채(차입금 ₩40,000)의 증가

③ 전환사채 ₩50,000을 주식으로 전환하다.
부채(사채 ₩50,000)의 감소－자본(자본금 ₩50,000)의 증가

④ 임대료 ₩60,000을 차입금으로 대체하다.
부채(차입금 ₩60,000)의 감소－수익(임대료 ₩60,000)의 발생

(3) 자본의 감소와 대응되는 거래

① 자기주식 ₩70,000을 매입하여 소각하다.
자본(자기주식 ₩70,000)의 감소－자산(현금 ₩70,000)의 감소

② 주주총회에서 ₩80,000의 현금배당을 결의하다.
자본(이익잉여금 ₩80,000)의 감소－부채(미지급배당금 ₩80,000)의 증가

③ 자본잉여금 ₩90,000을 자본에 전입하다.
자본(자본잉여금 ₩90,000)의 감소－자본(자본금 ₩90,000)의 증가

④ 주식병합을 통해 감자를 실시하다.

(4) 비용의 발생과 대응되는 거래

① 임차료 ₩100,000을 현금으로 지급하다.
비용(임차료 ₩100,000)의 발생－자산(현금 ₩100,000)의 감소

② ₩20,000을 차입하여 이자를 지급하다.
비용(이자비용 ₩20,000)의 발생－부채(차입금 ₩20,000)의 증가

③ 상여금 ₩1,000,000을 주식을 발행하여 지급하다.
비용(급여 ₩1,000,000)의 발생－자본(자본금 ₩1,000,000)의 증가

④ 이자수익 ₩10,000과 이자비용 ₩10,000을 상계하다.
비용(이자비용 ₩10,000)의 발생－수익(이자수익 ₩10,000)의 발생

예제 3-2 다음 거래의 결합관계를 나타내시오.

(1) 현금 ₩100,000을 출자하여 의류도매점을 개업하다.
(2) 책상, 의자를 ₩10,000에 현금으로 구입하다.
(3) 상품 ₩25,000을 현금으로 구입하다.
(4) 은행에서 현금 ₩75,000을 빌리다.
(5) 상품(원가 ₩25,000)을 ₩90,000에 외상으로 판매하다.
(6) 업무용 차량 1대를 ₩35,000에 현금으로 구입하다.
(7) 상품 ₩40,000을 외상으로 구입하다.
(8) 종업원에 대한 급료 ₩25,000을 현금으로 지급하다.
(9) 사무실 임차료 ₩25,000을 현금으로 지급하다.
(10) 상품 외상판매 대금 ₩15,000을 현금으로 회수하다.
(11) 차입금 ₩50,000과 이자 ₩5,000을 현금으로 지급하다.

풀이

(1) 자산 (현금 ₩100,000)의 증가 － (대) 자본 (자본금 ₩100,000)의 증가
(2) 자산 (비품 ₩10,000)의 증가 － (대) 자산 (현금 ₩10,000)의 감소
(3) 자산 (상품 ₩25,000)의 증가 － (대) 자산 (현금 ₩25,000)의 감소
(4) 자산 (현금 ₩75,000)의 증가 － (대) 부채 (차입금 ₩75,000)의 증가
(5) 자산 (매출채권 ₩90,000)의 증가 － (대) 자산 (상품 ₩25,000)의 감소
수익 (상품매출이익 ₩65,000)의 발생
(6) 자산 (차량운반구 ₩35,000)의 증가－ (대) 자산 (현금 ₩35,000)의 감소
(7) 자산 (상품 ₩40,000)의 증가 － (대) 부채 (매입채무 ₩40,000)의 증가
(8) 비용 (급여 ₩25,000)의 발생 － (대) 자산 (현금 ₩25,000)의 감소
(9) 비용 (임차료 ₩25,000)의 발생 － (대) 자산 (현금 ₩25,000)의 감소
(10) 자산 (현금 ₩15,000)의 증가 － (대) 자산 (매출채권 ₩15,000)의 감소
(11) 부채 (차입금 ₩50,000)의 감소 － (대) 자산 (현금 ₩55,000)의 감소
비용 (이자비용 ₩5,000)의 발생

제2절 계 정

1. 계정의 의미

기업활동의 결과 회계상의 거래가 발생하면 거래의 이중성에 따른 거래요소의 결합관계를 고려하여 장부에 기입해야 하는데, 기업의 경영활동에서 하루에도 수없이 발생하는 거래를 효과적으로 기입하기 위하여 회계에서는 계정에 의하여 기록함으로써 효율성을 기하고 있다. 즉, 거래가 발생하면 기업의 자산, 부채, 자본의 증감 및 수익, 비용이 발생한다. 그러나 이 경우 단순히 자산이 얼마만큼 증가하고, 부채가 얼마만큼 감소하였으며 또한 수익과 비용이 얼마만큼 발생하였다는 식과 같이 자산, 부채, 자본, 수익, 비용과 같은 재무제표의 구성요소만으로 기록하면 거래의 내용을 자세하게 이해하기가 어렵다.

따라서 회계에서는 기업의 재무상태 및 손익발생의 원인과 결과를 항목별로 구체적으로 파악하기 위해 자산, 부채, 자본과 수익, 비용의 구체적인 항목별로 그 증감변화와 발생을 기록·계산하는데 이와 같이 자산, 부채, 자본과 수익, 비용의 구체적인 항목별로 세분된 기록·계산의 단위를 계정(account : a/c)이라고 한다. 즉, 계정이란 동일한 성격이나 동일한 종류의 자산, 부채, 자본 및 수익, 비용에 대하여 각 항목별로 일정기간 동안 그들의 증감변동 내용을 체계적으로 기록·계산하기 위한 회계상의 특수양식을 말한다. 따라서 자산, 부채, 자본, 수익, 비용에 속하는 항목마다 계정이 설정된다. 예를 들면, 자산항목 중 현금의 증감변동을 기록하기 위해서는 현금계정을 설정하고, 매출채권의 증감변동을 기록하기 위해서는 매출채권계정을 설정하게 된다.

2. 계정의 양식

계정의 양식에는 표준식(standard form)과 잔액식(balance form)이 있다. 표준식은 지면을 양쪽으로 똑같이 나누어 왼쪽을 차변, 오른쪽을 대변으로 구분하는 양식으로 명백히 좌우 양쪽이 구분되어 거래의 기록·계산의 표시가 용이하다는 장점이 있지만, 거래의 결과인 현재액(잔액)을 알기 위해서는 양쪽의 합계액을 계산하여야 한다는 불편이 있다.

잔액식은 잔액란이 설정되어 있어 언제든지 계정잔액을 알 수 있기 때문에 편리하지만, 거래의 기입시마다 잔액을 계산해야 한다는 단점이 있다.

일반적으로 실무에서는 잔액식을 많이 사용하고 있으며, 표준식은 학습용으로 주로 사용한다.

(1) **표준식**(standard form)

(차변) 계 정 (대변)

월	일	적 요	분 면	금 액	월	일	적 요	분 면	금 액

(2) **잔액식**(balbance form)

계 정

월	일	적 요	분 면	차 변	대 변	차 또는 대	잔 액

회계실무에서의 계정기입은 잔액식 계정으로 된 장부에 기입하는 것이 일반적이지만 회계를 학습하는 과정에서는 표준식계정을 약식으로 한 T계정을 주로 사용하는데, 영어 알파벳의 'T'자와 유사하므로 T계정이라 부른다.

현 금 계 정

차 변	대 변

계정은 왼쪽과 오른쪽으로 나누어지는데 왼쪽을 차변(debtor: Dr)이라 하고 오른쪽을 대변(creditor: Cr)이라 한다. 그리고 현금과 같이 구체적인 항목별로 계정앞에 붙는 이름(계정이름)을 계정과목(title of account)이라고 한다.

초기의 차변, 대변이라는 용어는 타인과의 사이에 대차관계를 기록하는 인명계정에서 고객별로 상대방을 중심으로 차변은 돈을 빌린 사람(채무자), 대변은 돈을 빌려준 사람(채권자)을 의미하는 것이었으나, 오늘날 이 용어는 특별한 의미를 갖지 않으며 단지 차변은 계정의 왼쪽을 그리고 대변은 계정의 오른쪽을 나타내는 용어로 사용될 뿐이다.

3. 계정의 분류

계정은 자산계정, 부채계정, 자본계정, 수익계정, 비용계정으로 분류된다. 대차대조표에 기재되는 자산, 부채, 자본에 속하는 계정을 대차대조표계정이라 하고, 손익계산서에 기재되는 수익과 비용에 속하는 계정을 손익계산서계정이라고 한다.

계정의 분류

```
                                  ↗ 자산계정 : 현금, 매출채권, 상품, 비품, 건물 등
              대차대조표계정→ 부채계정 : 매입채무, 차입금 등
         ↗                        ↘ 자본계정 : 자본금 등
계정
         ↘                        ↗ 수익계정 : 매출액, 이자수익, 임대료 등
              손익계산서계정
                                  ↘ 비용계정 : 매출원가, 급여, 임차료, 이자비용 등
```

4. 계정의 기입방법

거래가 발생하면 기업의 자산, 부채, 자본의 증감 및 수익과 비용이 발생한다. 이러한 재무제표 구성요소의 증감변동은 각 해당계정의 차변과 대변으로 나누어져 기입되는데, 차변과 대변의 어느 쪽에 기입하느냐는 각 재무제표 구성요소에 따라 다르다. 계정의 기입방법을 요약하면 다음과 같다.

(1) 대차대조표계정

대차대조표에 기재되는 자산, 부채, 자본에 속하는 계정들의 계정기입 방법은 대차대조표 양식을 이용하면 쉽게 이해할 수 있다. 즉, 대차대조표 양식을 보면 자산은 대차대조표 차변에 그 잔액이 표시되므로 자산의 증가는 자산계정의 차변에 기입되며, 감소는 대변에 기입된다. 반면에 부채와 자본은 대차대조표 대변에 그 잔액이 표시되므로 부채와 자본의 증가는 해당 계정 대변에 기입되고 감소는 차변에 기입된다. 대차대조표계정의 기입법칙에 따라 자산, 부채, 자본의 증감변동을 계정에 기록하면 자산계정은 언제나 차변합계액이 대변합계액을 초과하여 잔액은 차변에 생기며, 부채계정과 자본계정은 대변합계액이 차변합계액을 초과하여 잔액은 항상 대변에 생긴다. 아래 (예제 3-3)에

서 보면 자산계정에 속하는 현금계정과 상품계정은 차변에 그 잔액이 그리고 부채계정과 자본계정에 속하는 차입금계정과 자본금계정은 대변에 그 잔액이 생긴다는 사실을 알 수 있다.

대차대조표계정의 기입법칙

자산계정

차 변	대 변
증 가	감 소

부채계정

차 변	대 변
감 소	증 가

자본계정

차 변	대 변
감 소	증 가

자산계정 : 증가를 차변에, 감소는 대변에 기입한다.
부채계정 : 감소를 차변에, 증가는 대변에 기입한다.
자본계정 : 감소를 차변에, 증가는 대변에 기입한다.

예제 3-3

[거 래]

1월 1일 현금 ₩100,000을 출자하여 영업을 개시하다.
2월 2일 상품 ₩50,000을 현금으로 구입하다.
3월 3일 현금 ₩10,000을 차입하다.
5월 5일 차입금 ₩5,000을 현금으로 상환하다.

[거래요소의 결합관계]

1월 1일 자산(현금 ₩100,000)의 증가 − 자본(자본금 ₩100,000)의 증가
2월 2일 자산(상품 ₩50,000)의 증가 _ 자산(현금 ₩50,000)의 감소
3월 3일 자산(현금 ₩10,000)의 증가 − 부채(차입금 ₩10,000)의 증가
5월 5일 부채(차입금 ₩5,000)의 감소 − 자산(현금 ₩5,000)의 감소

[계정기입]

현 금

1/1	100,000	2/2	50,000
3/3	10,000	5/5	5,000

자 본 금

		1/1	100,000

상 품			
2/2	50,000		

차 입 금			
5/5	5,000	3/3	10,000

(2) 손익계산서계정

손익계산서 양식을 보면 수익은 대변에 발생금액이 표시되므로 수익의 발생은 대변에, 반면에 비용은 손익계산서 차변에 그 발생금액이 표시되므로 비용의 발생은 차변에 기입한다. 또한 수익의 소멸은 차변에, 비용의 소멸은 대변에 각각 기입한다. 따라서 수익계정은 대변합계액이 차변합계액을 초과하여 잔액은 대변에 생기며, 비용계정은 차변합계액이 대변합계액을 초과하여 잔액은 차변에 생긴다. 따라서 수익은 항상 대변잔액을 가지며, 비용은 항상 차변잔액을 가진다. 아래 (예제 3-4)에서 보면 수익계정에 속하는 임대료계정의 잔액은 대변에 잔액이 그리고 비용계정에 속하는 임차료계정의 잔액은 차변에 생긴다는 사실을 알 수 있다.

손익계산서계정의 기입법칙

비용계정

차 변	대 변
발 생	소 멸

수익계정

차 변	대 변
소 멸	발 생

수익계정 : 발생을 대변에, 소멸은 차변에 기입한다.
비용계정 : 발생을 차변에, 소멸은 대변에 기입한다.

예제 3-4

[거 래]

6월 30일 1년분 임대료 ₩12,000을 현금으로 수취하다.
7월 31일 임차료 ₩5,000을 현금으로 지급하다.

[거래요소의 결합관계]

6월 30일 자산(현금 ₩12,000)의 증가－수익(임대료 ₩12,000)의 발생
7월 31일 비용(임차료 ₩5,000)의 발생－자산(현금 ₩5,000)의 감소

[계정기입]

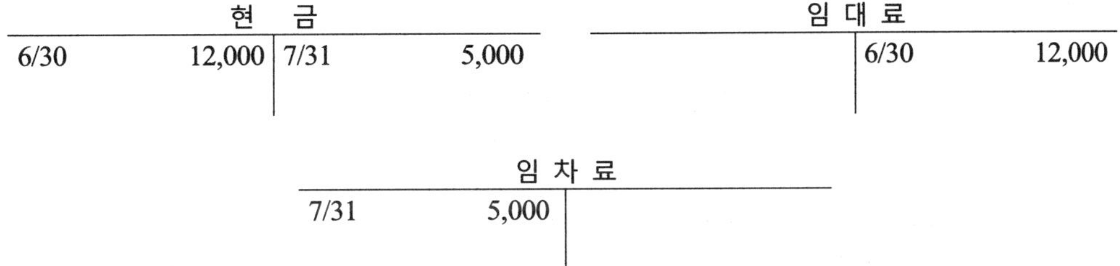

제3절 분개와 전기

1. 분개와 분개장

(1) 분　개

회계상의 거래가 발생하면 거래의 이중성에 따른 거래요소의 결합관계를 고려하여 계정기입의 법칙에 따라 각각의 해당계정에 기입한다. 그러나 수많은 복잡한 거래를 직접 계정에 기입하면 기입하는 과정에서 기록의 오류나 누락 또는 중복이 발생하는 경우가 있다. 따라서 거래를 각 계정에 기입하기 전에 그 준비 작업으로서 분개라고 하는 절차를 거치게 된다.

분개(journalizing)란 나누어 낀다는 말이다. 즉, 분개란 ① 거래를 각 계정에 기입하기 전에 미리 어느 계정에 기입할 것인가? 즉, 계정과목을 결정하고 ② 그 계정의 차변 또는 대변 어느 쪽에 기입할 것인가? 를 결정하며 ③ 기입할 금액은 얼마인가? 등을 결정하는 절차를 말한다. 모든 거래는 분개를 통해서 이루어지기 때문에 분개는 아주 중요하다.

분개는 일정한 법칙에 따라 이루어지는데 이를 '분개의 법칙'이라고 한다. 분개의 법칙은 '계정기입의 법칙'과 같다.

분개의 법칙

자산계정 : 증가는 차변, 감소는 대변
부채계정 : 감소는 차변, 증가는 대변
자본계정 : 감소는 차변, 증가는 대변
수익계정 : 발생은 대변, 소멸은 차변
비용계정 : 발생은 차변, 소멸은 대변

예제 3-5

[거 래]

8월 8일 은행으로부터 현금 ₩50,000을 차입하다.

[분개의 절차]

❶ 계정(계정과목)을 결정한다.
현금이라는 자산이 증가하고, 차입금이라는 부채가 증가하였다. 따라서 분개시 기입해야 할 계정은 '현금'이라는 계정과 '차입금'이라는 계정이다.

❷ 계정의 차변과 대변의 결정
분개의 법칙에 따라 차변과 대변 어느 쪽에 기입할 것인가를 결정한다. 즉, 현금은 자산에 속하는 계정이므로 그 증가는 차변에 기입한다. 또한 차입금은 부채에 속하는 계정이므로 그 증가는 대변에 기입한다.

❸ 기입할 금액의 결정
현금계정과 차입금계정 모두 ₩50,000이므로 기입할 금액은 현금 ₩50,000과 차입금 ₩50,000이 된다.

[분 개]

분개의 절차에 따라 거래를 분개하면 다음과 같다.

8월 8일 (차) 현 금 50,000 (대) 차입금 50,000

(2) 분개장

분개는 분개장(journal)이라는 장부에 기입된다. 즉, 거래를 분개하여 기입하는 장부를 분개장이라 한다. 분개장에서는 거래의 결과를 일목요연하게 볼 수 있도록 일정한 형식을 갖추어 기입한다. 매 거래마다 분개를 하므로 분개장에는 거래의 발생순서대로 거래가 분개 및 기입된다.

분개장에서는 적요란에 분개의 차변계정을 왼쪽 윗편에 기입하고, 분개의 대변계정을 오른쪽 아랫편에 기입한다. 그리고 차변란과 대변란에 금액을 기입하고 마지막으로 적요란의 아랫부분에 간단히 거래내용을 기록하고 밑줄을 긋는다.

분 개 장

일	자	적 요	원 면	차 변	대 변
2	1	(현 금)	1	100,000	
		(자 본 금)	8		100,000
		현금을 출자하여 개업하다			
3	2	(비 품)	4	10,000	
		(현 금)	1		10,000
		사무용 비품을 구입하다			
5	7	(상 품)	3	25,000	
		(현 금)	1		25,000
		상품을 현금으로 매입하다			
6	9	(현 금)	1	75,000	
		(차 입 금)	7		75,000
		은행에서 현금을 차입하다			
7	14	(매출채권) 제 좌	2	90,000	
		(상 품)	3		25,000
		(상품매출이익)	9		65,000
		상품을 외상매출하다			

2. 전 표

(1) 전표의 의의 및 종류

분개는 분개장에 기입하는 것이 원칙이지만, 거래의 분개를 일일이 분개장에 기입하는 것이 매우 불편함으로 인하여 오늘날 기업의 회계실무에서는 회계업무의 편의를 위하여 분개장 대신에 전표를 사용하고 있다. 전표(slip)란 발생한 거래의 내용을 기록하고 그 증거자료로써 보존하기 위한 일정한 양식으로 된 증빙서류이다. 전표를 사용하는 경우에는 하나의 거래마다 한 장의 전표에 분개 기입한 후 이를 거래의 발생순서에 따라 철하여 분개장을 대신하고 있다. 전표의 종류에는 입금전표, 출금전표, 대체전표가 있다.

❶ 입금전표

입금전표는 현금의 수입을 수반하는 거래를 기록하는 전표이다. 현금의 수입거래를 분개할 경우 차변의 계정과목은 항상 현금이 되므로 입금전표에는 현금계정의 기입은 생략된다. 따라서 과목란에는 입금의 원인을 표시하는 상대계정과목인 대변계정과목만을 기입하면 된다. 입금전표는 빨간색으로 인쇄되어 있다.

예제 3-6

[거 래]

3월 3일 A상품(1,000개, @100) ₩100,000을 현금으로 판매하다.

[분 개]

3월 3일 (차) 현 금 100,000 (대) 상 품 100,000

❷ 출금전표

출금전표는 현금의 지출을 수반하는 거래를 기록하는 전표이다. 현금의 지출 거래를 분개할 경우 대변의 계정과목은 항상 현금이므로 출금전표에는 현금계정의 기입은 생략된다. 따라서 과목란에는 출금의 원인을 표시하는 상대계정과목인 차변 계정과목만을 기입하면 된다. 출금전표는 파란색으로 인쇄되어 있다.

예제 3-7

[거 래]

3월 3일 B상품(200개, @100) ₩20,000을 현금으로 구입하다.

[분 개]

3월 3일 (차) 상 품 20,000 (대) 현 금 20,000

No. 2

입 금 전 표

2008 年 3 月 3 日

과 목	상 품	항 목	자 산
적 요			금 액
A상품, 1,000개를 단가 100원에 판매			₩100000
합 계			₩100000

사 장	전 무	상 무	부 장	과 장	계

No. 2

출 금 전 표

2008 年 3 月 3 日

과 목	상 품	항 목	자 산	사 장
적 요			금 액	
B상품 200개를 단가 100원에 구입			₩20000	전 무
				상 무
				부 장
				과 장
				계
합 계			₩20000	

❸ 대체전표

대체전표는 현금의 수입과 지출이 수반되지 않는 거래를 기록하는 전표로 검정색으로 인쇄되어 있다. 예를 들어, 상품을 외상으로 구입한 거래는 현금을 수반하지 않는 대체거래이다. 대체전표에는 차변과 대변항목을 모르기 때문에 분개하는 것처럼 차변과 대변에 기입할 사항을 모두 기록한다.

예제 3-8

[거 래]

3월 3일 C상품(5,000개, @100) ₩500,000을 외상으로 구입하다.

[분 개]

3월 3일 (차) 상 품 500,000 (대) 매입채무 500,000

계	과 장	부 장	상 무	전 무	사 장

대 체 전 표

차 변　　　　　　2008 년 3 월 3 일　　　　　　대 변

과 목	적 요	금 액	과 목	적 요	금 액
상 품	c상품 5,000개를 단가 100원에 외상구입	₩500000	매입채무		₩500000
합 계		₩500000	합 계		₩500000

(2) 일계표

기업에서 발생하는 거래는 하루에도 수없이 많아 거래를 전표에 분개한 후 일일이 계정에 기입하면 계정이 너무 방대해지고, 업무량도 많아지기 때문에 일계표를 작성, 집계한 후 계정에는 일계(日計)로 기입한다. 이렇게 하면 아무리 많은 거래가 발생하여도 계정에는 일별 합계금액으로 기입을 할 수 있다.

일 계 표

2008년 3월 3일

차 변	계정과목	대 변
80,000	현 금	
420,000	상 품	
	매 입 채 무	500,000
500,000	계	500,000

3. 전 기

회계상의 거래가 발생하면 거래를 분석하여 분개장에 분개를 한다. 그러나 분개장은 모든 거래를 발생순서대로 기록하는 일기장의 의미를 갖고 있을 뿐, 각 계정의 변동내역이나 특정 시점의 잔액이 얼마인지를 파악하기는 어려운 장부이다. 따라서 이를 용이하게 파악하기 위하여 분개장의 분개내용을 자산, 부채, 자본 및 수익, 비용의 세부계정으로 옮겨 적는 과정이 필요하다. 이를 전기라 한다. 즉, 전기(posting)란 분개장에 분개한 기록을 각 해당 계정에 옮겨 적는 절차를 말하며, 이들 계정이 설정되어 있는 장부를 원장(ledger) 또는 총계정원장(general ledger)이라고 한다. 총계정원장은 자산, 부채, 자본 및 수익, 비용항목을 표시하는 모든 계정과목을 설정하고, 분개한 거래를 전기하여 그 증감을 계산하는 장부이다. 총계정원장이라는 명칭은 대차대조표와 손익계산서의 모든 계정이 포함되어 있는 장부라는 의미이다.

총계정원장에의 전기는 다음과 같은 절차에 의해서 이루어진다.

❶ 분개장에 기록된 분개의 계정과목을 총계정원장에서 찾는다.

❷ 분개장의 차변에 기록된 금액은 총계정원장 해당계정의 차변에 기입하고, 대변에 기록된 금액은 총계정원장 해당계정의 대변에 기입한다.

❸ 금액의 기입과 함께 일자 및 상대의 계정과목을 기입한다. 만약 상대의 계정과목이 2개 이상인 경우에는 계정과목 대신에 '제좌'라고 기입한다. 제좌는 여러개의 계정이 있다는 의미이다.

예제 3-9

[거 래]

1월 1일 현금 ₩1,000,000을 출자하여 영업을 개시하다.

[분 개]

1월 1일 (차) 현 금 1,000,000 (대) 자본금 1,000,000

[전 기]

현 금

차변	대변
1/1 자본금 1,000,000	
↑ 상대 계정과목	

자본금

차변	대변
	1/1 현금 1,000,000
	↑ 상대 계정과목

[거 래]

2월 2일 임차료 ₩5,000을 현금으로 지급하다.

[분 개]

2월 2일 (차) 임차료 5,000 (대) 현 금 5,000

[전 기]

임차료	
2/2 현금 5,000	
↑	
상대 계정과목	

현 금	
	2/2 임차료 5,000
	↑
	상대 계정과목

4. 대차평균의 원리

거래의 이중성에 따라 모든 거래는 반드시 어떤 계정의 차변과 다른 계정의 대변에 동일한 금액이 기입되게 된다. 따라서 분개의 법칙에 따라 정확하게 분개가 이루어지고 이를 해당 계정에 올바르게 전기가 이루어졌다면 모든 계정의 차변에 기입된 금액의 총합계는 모든 계정의 대변에 기입된 금액의 총합계와 일치하게 되며 또한 모든 계정의 차변잔액의 총합계와 대변잔액의 총합계는 반드시 일치하게 되는데 이를 '대차평균의 원리'(principle of equilibrium)라고 한다

대차평균의 원리에 의하여 모든 계정의 차변합계액과 대변합계액을 상호 비교하여 그것의 일치여부로 기록·계산의 정확성 여부를 자동적으로 검증할 수가 있는데 만일 그 합계액이 일치하지 않으면 그 계산이나 기록이 오류가 있다는 것을 암시한다. 이러한 기능을 복식부기의 자기검증기능이라고 하며 복식부기가 가지고 있는 장점 중의 하나이다.

예제 3-10 다음은 맥주도매점인 (주)한맥의 2008년도 거래내용이다. 거래를 분개하고 T계정에 전기하시오.

2월 1일 현금 ₩100,000을 출자하여 맥주도매점을 개업하다.
3월 2일 책상, 의자를 ₩10,000에 현금으로 구입하다.
5월 7일 상품 ₩25,000을 현금으로 구입하다.
6월 9일 은행에서 현금 ₩75,000을 빌리다.
7월 14일 상품(원가 ₩25,000)을 ₩90,000에 외상으로 판매하다.

8월 24일 업무용 차량 1대를 ₩35,000에 현금으로 구입하다.
9월 12일 상품 ₩40,000을 외상으로 구입하다.
10월 7일 종업원에 대한 급료 ₩25,000을 현금으로 지급하다.
11월 30일 사무실 임차료 ₩25,000을 현금으로 지급하다.
12월 10일 상품 외상판매 대금 ₩15,000을 현금으로 회수하다.
12월 18일 차입금 ₩50,000과 이자 ₩5,000을 현금으로 지급하다.

풀이

[분 개]

일자	차변	금액	대변	금액
2월 1일	(차) 현 금	100,000	(대) 자 본 금	100,000
3월 2일	(차) 비 품	10,000	(대) 현 금	10,000
5월 7일	(차) 상 품	25,000	(대) 현 금	25,000
6월 9일	(차) 현 금	75,000	(대) 차 입 금	75,000
7월 14일	(차) 매출채권	90,000	(대) 상 품	25,000
			상품매출이익	65,000
8월 24일	(차) 차량운반구	35,000	(대) 현 금	35,000
9월 12일	(차) 상 품	40,000	(대) 매입채무	40,000
10월 7일	(차) 급 여	25,000	(대) 현 금	25,000
11월 30일	(차) 임 차 료	25,000	(대) 현 금	25,000
12월 10일	(차) 현 금	15,000	(대) 매출채권	15,000
12월 18일	(차) 차 입 금	50,000	(대) 현 금	55,000
	이자비용	5,000		

[전 기]

현 금

차변			대변		
2/1	자본금	100,000	3/2	비 품	10,000
6/9	차입금	75,000	5/7	상 품	25,000
12/10	매출채권	15,000	8/24	차량운반구	35,000
			10/7	급 여	25,000
			11/30	임차료	25,000
			12/18	제 좌	55,000

매출채권

차변			대변		
7/14	제 좌	90,000	12/10	현 금	15,000

상 품

차변			대변		
5/7	현 금	25,000	7/14	매출채권	25,000
9/12	매입채무	40,000			

비 품

차변			대변		
3/2	현 금	10,000			

차량운반구

차변			대변		
8/24	현 금	35,000			

매입채무

차변			대변		
			9/12	상 품	40,000

차 입 금

차변	대변
12/18 현 금 50,000	6/9 현 금 75,000

자 본 금

차변	대변
	2/1 현 금 100,000

상품매출이익

차변	대변
	7/14 매출채권 65,000

급 여

차변	대변
10/7 현 금 25,000	

임 차 료

차변	대변
11/30 현 금 25,000	

이자비용

차변	대변
12/18 현 금 5,000	

제4절 결 산

1. 결산의 의의

기업은 일정기간마다 기업의 재무정보를 기업외부의 정보이용자에게 전달하여야 한다. 이러한 목적으로 회계기간동안 발생한 자산, 부채, 자본의 변동내용과 그 변동으로 인한 결과를 종합하여 재무제표를 작성하게 되는데, 이러한 일련의 절차를 결산이라고 한다. 즉, 결산(closing)이란 회계기간이 종료된 후 여러 회계장부들을 정리·마감하여 회계기간말 현재의 자산, 부채, 자본의 상태, 즉 재무상태 및 회계기간동안의 경영성과를 파악하기 위해 재무제표를 작성하는 절차를 말한다. 그리고 결산을 행하는 날을 결산일이라고 하는데 12월 결산법인은 12월 31일이 결산일이며, 3월 결산법인은 3월 31일이 결산일이 된다.

2. 시산표의 작성

(1) 시산표의 의의

결산이 시작되면 시산표를 작성한다. 시산표(trial balance: T/B)란 분개장에 기입된 모든 거래의 분개가 총계정원장에 올바르게 전기되었는가를 확인하기 위하여, 총계정원장에 있는 모든 계정을 집계하여 작성한 표, 즉 계정집계표를 말한다.

계정기록의 정확성 여부는 시산표상의 차변 합계액과 대변 합계액의 일치여부로 판단한다. 모든 거래가 정확하게 분개되고 또한 전기가 정확하게 이루어졌다면 대차평균의 원리에 따라 모든 계정의 차변합계와 대변합계는 반드시 일치하게 된다. 만일 시산표에서 차변합계와 대변합계가 일치하지 않으면 계정기록상에 오류가 있는 것으로 판단할 수 있다.

(2) 시산표의 종류

시산표는 총계정원장에 있는 모든 계정의 합계 혹은 잔액을 한 곳에 모아놓은 일종의 계정집계표이다. 따라서 그 작성방법은 총계정원장상의 모든 계정의 차변과 대변의 합계 혹은 잔액을 시산표의 차변과 대변에 옮겨 적으면 된다.

모든 계정의 차변과 대변의 합계를 모아놓은 것을 합계시산표, 잔액을 모아놓은 것을 잔액시산표, 합계와 잔액을 동시에 모아놓은 것을 합계잔액시산표라고 한다.

시산표는 다음과 같은 순서에 따라 작성한다.

첫째, 총계정원장의 각 계정의 차변합계와 대변합계를 구하고, 차변합계와 대변합계를 비교하여 차변 또는 대변의 잔액을 구한다.

둘째, 자산, 부채, 자본 및 수익, 비용 등의 순서로 시산표의 계정과목란에 각 계정과목을 기입한다.

셋째, 총계정원장의 각 계정의 금액을 시산표의 당해 계정의 금액란에 옮겨 적되, 차변금액은 차변금액란에 대변금액은 대변금액란에 옮겨 적는다.

넷째, 시산표상의 모든 계정의 차변란과 대변란의 금액을 합계한다.

❶ 합계시산표

합계시산표는 각 계정의 차변합계액과 대변합계액을 모아서 작성한 것이다. 즉, 총계정원장 각 계정의 차변합계액은 시산표의 차변에 기입하고, 총계정원장 각 계정의 대변합계액은 시산표의 대변에 기입하여 작성한 시산표이다.

합계시산표의 차변합계액과 대변합계액은 대차평균의 원리에 의하여 반드시 일치하여야 한다. 만일 차변합계액과 대변합계액이 일치하지 아니하면 기장오류가 발생한 것이므로 오류를 조사하여 이를 수정하여야 한다.

예제 3-11 다음 (주)한맥의 총계정원장을 집계하여 합계시산표를 작성하시오.

현 금

차변			대변		
2/1	자본금	100,000	3/2	비 품	10,000
6/9	차입금	75,000	5/7	상 품	25,000
12/10	매출채권	15,000	8/24	차량운반구	35,000
			10/7	급 여	25,000
			11/30	임차료	25,000
			12/18	제 좌	55,000

매출채권

차변			대변		
7/14	제 좌	90,000	12/10	현 금	15,000

상 품

차변			대변		
5/7	현 금	25,000	7/14	매출채권	25,000
9/12	매입채무	40,000			

비 품

차변			대변		
3/2	현 금	10,000			

차량운반구

차변			대변		
8/24	현 금	35,000			

매입채무

차변			대변		
			9/12	상 품	40,000

차 입 금

차변			대변		
12/18	현 금	50,000	6/9	현 금	75,000

자 본 금

차변			대변		
			2/1	현 금	100,000

상품매출이익

차변			대변		
			7/14	매출채권	65,000

급 여

차변			대변		
10/7	현 금	25,000			

임 차 료

차변			대변		
11/30	현 금	25,000			

이자비용

차변			대변		
12/18	현 금	5,000			

풀이

합 계 시 산 표

(주)한맥 2008.12.31

차 변	계정과목	대 변
190,000	현 금	175,000
90,000	매 출 채 권	15,000
65,000	상 품	25,000
10,000	비 품	
35,000	차량운반구	
	매 입 채 무	40,000
50,000	차 입 금	75,000
	자 본 금	100,000
	상품매출이익	65,000
25,000	급 여	
25,000	임 차 료	
5,000	이 자 비 용	
495,000	계	495,000

❷ 잔액시산표

잔액시산표는 각 계정의 잔액만을 모아서 작성한 것이다. 즉, 총계정원장 각 계정의 차변합계액과 대변합계액의 차액(잔액)을 구하여, 각 계정의 차변잔액(차변합계가 더 큰 경우)은 시산표의 차변에 기입하고, 각 계정의 대변잔액(대변합계가 더 큰 경우)은 시산표의 대변에 기입하여 작성한 시산표이다.

따라서 잔액시산표의 차변에는 자산의 잔액과 비용의 발생액을, 대변에는 부채 및 자본의 잔액과 수익의 발생액을 기록하게 되는데, 잔액시산표의 차변에 기입한 자산, 비용의 합계액과 대변에 기입한 부채, 자본, 수익의 합계액은 반드시 일치한다. 이를 시산표 등식(T/B formula)이라 한다.

시산표등식 : 기말자산 + 기중비용 = 기말부채 + 기초자본 +기중수익

잔 액 시 산 표

기말자산	xxx	기말부채	xxx
총 비 용	xxx	기초자본	xxx
		총 수 익	
	xxx		xxx

예제 3-12 다음 (주)한맥의 총계정원장을 토대로 잔액시산표를 작성하시오

현 금

2/1 자본금 100,000	3/2 비 품 10,000
6/9 차입금 75,000	5/7 상 품 25,000
12/10 매출채권 15,000	8/24 차량운반구 35,000
	10/7 급 여 25,000
	11/30 임차료 25,000
	12/18 제 좌 55,000

매출채권

7/14 제 좌 90,000	12/10 현 금 15,000

상 품

5/7 현 금 25,000	7/14 매출채권 25,000
9/12 매입채무 40,000	

비 품

3/2 현 금 10,000	

차량운반구

8/24 현 금 35,000	

매입채무

	9/12 상 품 40,000

차 입 금

12/18 현 금 50,000	6/9 현 금 75,000

자 본 금

	2/1 현 금 100,000

상품매출이익

	7/14 매출채권 65,000

급 여

10/7 현 금 25,000	

임 차 료

11/30 현 금 25,000	

이자비용

12/18 현 금 5,000	

풀이

잔 액 시 산 표

(주)한맥 20x8. 12. 31

차 변	계정과목	대 변
15,000	현 금	
75,000	매 출 채 권	
40,000	상 품	
10,000	비 품	
35,000	차 량 운 반 구	
	매 입 채 무	40,000
	차 입 금	25,000
	자 본 금	100,000
	상품매출이익	65,000
25,000	급 여	
25,000	임 차 료	
5,000	이 자 비 용	
230,000	계	230,000

❸ 합계잔액시산표

합계잔액시산표는 합계시산표와 잔액시산표를 하나의 표로 작성한 것이다. 합계잔액시산표에는 양쪽에 각각 두 개씩의 금액란이 있는데, 이 중 안쪽에 있는 두 개의 금액은 합계시산표를 나타내고, 바깥쪽에 있는 두 개의 금액은 잔액시산표를 나타낸다.

기업실무에서는 합계잔액시산표를 가장 많이 사용하며, 회계교과서에서는 잔액시산표를 많이 사용한다.

(주)한맥의 총계정원장을 이용하여 합계잔액시산표를 작성하면 다음과 같다.

합 계 잔 액 시 산 표

(주)한맥 20x8. 12. 31

차변		계정과목	대변	
잔 액	합 계		합 계	잔 액
15,000	19,000	현 금	175,000	
75,000	90,000	매 출 채 권	15,000	
40,000	65,000	상 품	25,000	
10,000	10,000	비 품		
35,000	35,000	차 량 운 반 구		
		매 입 채 무	40,000	40,000
	50,000	차 입 금	75,000	25,000
		자 본 금	100,000	100,000
		상품매출이익	65,000	65,000
25,000	25,000	급 여		
25,000	25,000	임 차 료		
5,000	5,000	이 자 비 용		
230,000	495,000	계	495,000	230,000

3. 계정의 마감

시산표의 작성이 이루어지면 당기의 경영활동에 의한 경영성과와 재무상태를 파악하기 위하여 총계정원장의 각 계정들을 마감한다. 마감(closing)이란 한 회계기간의 기록내용과 다음 회계기간의 기록내용을 구분하기 위하여 이루어지는 결산과정이다. 즉, 마감이란 특정 회계기간의 모든 회계기록을 끝내고 다음 회계기간의 거래를 기록하기 위하여 준비하는 절차라고 할 수 있다.

계정의 마감은 손익계산서에 속하는 수익, 비용계정의 마감과 대차대조표에 속하는 자산, 부채, 자본계정의 마감으로 구분된다.

(1) 손익계산서계정의 마감

손익계산서계정은 당기의 수익과 비용을 기록하기 위하여 설정되는 계정이므로 명목계정(nominal a/c) 또는 결산기말에 마감되어 차기로 이월되지 않고 그 회계기간에만 일시적으로 존재하는 계정이므로 일시계정(temporary a/c)이라고도 한다. 따라서 수익과 비용계정은 한 회계기간이 끝나면 잔액을 '0'으로 만들어서 다음 기의 경영활동에 따른 기록은 '0'에서 시작하도록 하여야 한다. 그 이유는 회계기간을 마감하면서 당기의 손익 파악을 위해 설정했던 손익계정의 잔액을 '0'으로 만들어 두어야만 다음 기에 발생한 수익과 비용을 이들 계정에 다시 기록하여 다음 기의 손익을 구분 계산할 수 있기 때문이다. 수익, 비용계정은 다음과 같은 방법으로 마감한다.

❶ 수익계정과 비용계정을 마감하기 위하여 총계정원장에 집합손익계정(또는 손익계정이라고도 함)을 새로 설정한다. 집합손익계정은 한 회계기간의 수익과 비용을 한 곳에 집계하여 당기순손익을 계산할 목적으로 회계기간말에만 설정되는 임시계정이다.

❷ 수익계정들은 대변에 잔액이 남게 되기 때문에 수익계정의 잔액을 '0'으로 만들기 위해서는 수익계정의 차변에 대변잔액의 금액만큼을 기입하여 소멸시킨 후(수익계정의 잔액이 0이므로 소멸된 것으로 봄) 집합손익계정의 대변에 대체 기입한다. 즉, 수익계정잔액을 집합손익계정의 대변에 대체한다. 대체(transfer)란 어느 한 계정에서 다른 계정으로 금액을 옮기는 것을 말한다.

12월 31일	(차) 수 익 (수익소멸)	xxx	(대) 집합손익	xxx

❸ 비용계정은 차변에 잔액이 남게 되므로 비용계정의 잔액을 '0'으로 만들기 위해서는 비용계정의 대변에 차변잔액의 금액만큼을 기입하여 소멸시킨 후(비용계용의 잔액이 0이므로 소멸된 것으로 봄) 집합손익계정의 차변에 대체기입한다.

12월 31일	(차) 집합손익 (비용소멸)	xxx	(대) 비 용	xxx

❹ 수익과 비용계정을 마감하기 위하여 집합손익계정에 각각의 계정잔액을 대체하였는데, 집합손익계정의 차변에는 당기에 발생한 모든 비용을, 대변에는 당기에 발생한 모든 수익을 기입한다. 따라서 집합손익계정의 차변합계는 당기에 발생한 총비용이 되고, 대변합계는 당기에 발생한 총수익이 된다. 그러므로 집합손익계정의 대변합계가 차변합계보다 클 때에는 그 차액은 당기순이익이 되고, 차변합계가 대변합계보다

큰 때에는 당기순손실이 발생하게 된다.

당기순이익은 개인기업의 경우에는 출자자의 자본에 해당되므로 자본금과 이익잉여금을 구분하지 않고 자본을 자본금계정의 하나로 기입하므로 자본금계정의 대변에 직접 대체하여 자본금을 증가시키고, 당기순손실이 발생하였을 경우에는 자본금계정의 차변에 대체하여 자본금을 감소시킨다.

그러나 주식회사인 경우에는 상법상 자본금이 확정되어 있으므로 자본금계정에 대체할 수 없고, 당기순이익이 발생하면 자본금계정과는 별도로 이익잉여금계정의 대변에 대체한다. 만일, 당기순손실이 발생하는 경우에는 이익잉여금을 감소시키거나 결손금을 계상하여야 한다. 즉, 이익잉여금의 잔액이 있는 경우에는 이익잉여금을 감소시키고, 이익잉여금의 잔액이 없는 경우에는 '결손금'이라는 부(−)의 이익잉여금으로 표시한다.

수익과 비용계정을 집합손익계정에 대체하고, 집합손익계정의 잔액인 당기순손익을 이익잉여금계정에 대체하기 위하여 분개장에 분개하고 총계정원장에 전기를 하는데, 이 분개를 마감분개(또는 결산분개)라고 한다. 그리고 수익과 비용계정을 마감하기 위하여 집합손익이라는 일시적인 임시계정을 설정하였는데, 집합손익계정 역시 마감분개를 마친 후 다른 수익, 비용계정과 마찬가지로 그 잔액이 '0'이 되어 소멸하게 된다.

✏개인기업 : 당기순이익이 발생한 경우

12월 31일	(차) 집합손익 (당기순이익)	xxx	(대) 자본금	xxx

✏개인기업 : 당기순손실이 발생한 경우

12월 31일	(차) 자본금	xxx	(대) 집합손익 (당기순손실)	xxx

✏주식회사 : 당기순이익이 발생한 경우

12월 31일	(차) 집합손익 (당기순이익)	xxx	(대) 이익잉여금 (자본증가)	xxx

✏주식회사 : 당기순손실이 발생한 경우

12월 31일	(차) 결손금 (또는 이익잉여금) (자본감소)	xxx	(대) 집합손익 (당기순손실)	xxx

예제 3-13 다음 (주)한맥의 손익계산서계정을 마감하시오

상품매출이익

차변	대변
	7/14 매출채권 65,000

급 여

차변	대변
10/1 현 금 25,000	

임 차 료

차변	대변
11/30 현 금 25,000	

이자비용

차변	대변
12/18 현 금 5,000	

풀이

(1) 수익계정잔액을 집합손익계정의 대변에 대체하는 분개

12/31	(차) 상품매출이익	65,000	(대) 집합손익	65,000

(2) 비용계정잔액을 집합손익계정의 차변에 대체하는 분개

12/31	(차) 집합손익	55,000	(대) 급 여	25,000
			임 차 료	25,000
			이자비용	5,000

(3) 당기순이익을 이익잉여금계정에 대체하는 분개

12/31	(차) 집합손익	10,000	(대) 이익잉여금	10,000

(4) 집합손익계정과 수익, 비용계정의 마감

상품매출이익

차변	금액	대변	금액
12/31 집합손익	65,000	7/14 매출채권	65,000
	65,000		65,000

급 여

차변	금액	대변	금액
10/1 현 금	25,000	12/31 집합손익	25,000
	25,000		25,000

임 차 료

차변	금액	대변	금액
11/30 현 금	25,000	12/31 집합손익	25,000
	25,000		25,000

이자비용

차변	금액	대변	금액
12/18 현 금	5,000	12/31 집합손익	5,000
	5,000		5,000

집합손익계정

차변	금액	대변	금액
12/31 급 여	25,000	12/31 상품매출이익	65,000
임 차 료	25,000		
이자비용	5,000		
이익잉여금	10,000		
	65,000		65,000

이익잉여금

차변	금액	대변	금액
		12/31 집합손익	10,000

(2) 대차대조표계정의 마감

손익계산서계정을 마감한 후에는 대차대조표계정인 자산, 부채, 자본계정을 마감하여야 한다. 대차대조표계정은 유형, 무형을 불문하고 실제로 존재하는 재화 또는 권리, 의무를 나타내는 계정이므로 실제계정(real a/c)이라 하며, 매 결산기말에 잔액이 남아 차기로 이월되어 영구적으로 존재하므로 영구계정(permanent a/c)이라고도 한다. 따라서 대차대조표계정의 마감은 각 계정의 당기말 잔액을 차기의 기초잔액으로 단순히 이월시키는 절차이므로 분개없이 해당 계정내에 표시하면 된다.

자산계정의 경우, 차변에 잔액이 남고 부채와 자본계정은 대변에 잔액이 남게 되므로 그 잔액만큼 대변 혹은 차변에 붉은 글씨로 '차기이월'로 명명하여 기입하고 차변합계와 대변합계를 일치시킨 후 그 밑에 두 줄을 그어 계정을 마감한다. 그리고 차기이월 기입을 한 반대편에 차기 최초의 날짜로 전기로부터 이월된 금액을 붉은 글씨로 '전기이월'로 명명하여 기입하면 된다. 자산계정은 대변에 차기이월을 표시하고 차변에 전기이월을 표시하며, 부채와 자본계정은 자산계정과 반대로 표시하면 된다. 이를 도시하면 다음과 같다.

자산계정

증가금액	xxx	감소금액	xxx
		차기이월	xxx
	xxx		xxx

부채계정

감소금액	xxx	증가금액	xxx
차기이월	xxx		
	xxx		xxx

자본계정

감소금액	xxx	증가금액	xxx
차기이월	xxx		
	xxx		xxx

예제 3-14 다음 (주)한맥의 대차대조표계정을 마감하시오.

현 금

2/1	자본금	100,000	3/2	비 품	10,000
6/9	차입금	75,000	5/7	상 품	25,000
12/10	매출채권	15,000	8/24	차량운반구	35,000
			10/7	급 여	25,000
			11/30	임차료	25,000
			12/18	제 좌	55,000

매출채권

7/14	제 좌	90,000	12/10	현 금	15,000

상 품

5/7	현 금	25,000	7/14	매출채권	25,000
9/12	매입채무	40,000			

비 품

3/2	현 금	10,000			

차량운반구

8/24	현 금	35,000			

매입채무

			9/12	상 품	40,000

차 입 금

12/18	현 금	50,000	6/9	현 금	75,000

자 본 금

			2/1	현 금	100,000

이익잉여금

			12/31	집합손익	10,000

풀이

현 금

2/1	자본금	100,000	3/2	비 품	10,000
6/9	차입금	75,000	5/7	상 품	25,000
12/10	매출채권	15,000	8/24	차량운반구	35,000
			10/7	급 여	25,000
			11/30	임차료	25,000
			12/18	제 좌	55,000
			12/31	차기이월	15,000
		190,000			190,000
1/ 1	전기이월	15,000			

매출채권

7/14	제 좌	90,000	12/10	현 금	15,000
			12/31	차기이월	75,000
		90,000			90,000
1/ 1	전기이월	75,000			

상 품

날짜	적요	금액	날짜	적요	금액
5/7	현 금	25,000	7/14	매출채권	25,000
9/12	매입채무	40,000	12/31	차기이월	40,000
		65,000			65,000
1/ 1	전기이월	40,000			

비 품

날짜	적요	금액	날짜	적요	금액
3/2	현 금	10,000	12/31	차기이월	10,000
		10,000			10,000
1/ 1	전기이월	10,000			

차량운반구

날짜	적요	금액	날짜	적요	금액
8/24	현 금	35,000	12/31	차기이월	35,000
		35,000			35,000
1/ 1	전기이월	35,000			

매입채무

날짜	적요	금액	날짜	적요	금액
12/31	차기이월	40,000	9/12	상 품	40,000
		40,000			40,000
			1/ 1	전기이월	40,000

차 입 금

날짜	적요	금액	날짜	적요	금액
12/18	현 금	50,000	6/9	현 금	75,000
12/31	차기이월	25,000			
		75,000			75,000
			1/1	전기이월	25,000

자 본 금

날짜	적요	금액	날짜	적요	금액
12/31	차기이월	100,000	2/1	현 금	100,000
		100,000			100,000
			1/ 1	전기이월	100,000

이익잉여금

날짜	적요	금액	날짜	적요	금액
12/31	차기이월	10,000	12/31	집합손익	10,000
		10,000			10,000
			1/1	전기이월	10,000

4. 재무제표의 작성

총계정원장의 마감이 끝나면 회계기간의 경영성과와 재무상태를 이해관계자에게 보고하기 위하여 결산보고서를 작성하여 공시한다.

결산보고서란 결산시에 작성되는 재무보고서로 보통 재무제표라고 부르는데, 결산보고서는 여러 종류가 있으나 대차대조표와 손익계산서가 대표적이다.

(1) 대차대조표의 작성

대차대조표는 총계정원장의 자산, 부채, 자본에 속하는 계정의 전기이월액을 집계하여 작성된다. (주)한맥의 총계정원장의 자료를 이용하여 대차대조표를 작성하면 다음과 같다.

대 차 대 조 표

(주)한맥 2008.12.31

현 금	15,000	매 입 채 무	40,000
매 출 채 권	75,000	차 입 금	25,000
상 품	40,000	자 본 금	100,000
비 품	10,000	이익잉여금	10,000
차량운반구	35,000		
	175,000		175,000

(2) 손익계산서의 작성

손익계산서는 수익과 비용에 속하는 각 계정의 잔액을 집계한 집합손익계정을 토대로 하여 작성된다. (주)한맥의 총계정원장의 집합손익계정에 의하여 손익계산서를 작성하면 다음과 같다.

손 익 계 산 서

(주)한맥 2008.1.1－2008.12.31

급 여	25,000	상품매출이익	65,000
임 차 료	25,000		
이 자 비 용	5,000		
당기순이익	10,000		
	65,000		65,000

종 합 예 제

다음은 (주)오송의 20x8년 1월 1일부터 20x8년 12월 31일까지 발생한 거래들이다 (단위: 원).

[거 래]

1월 1일 현금 ₩100,000을 출자하여 영업을 개시하다.
1월 3일 은행에서 현금 ₩50,000을 차입하다.
2월 6일 상품 ₩80,000을 현금으로 구입하다.
3월 4일 용역을 제공하고 수수료수익 ₩50,000을 현금으로 받다.
4월 20일 상품을 ₩100,000(원가 ₩70,000)에 판매하고 대금은 현금으로 받다.
7월 12일 상품 ₩140,000을 외상으로 구입하다.
8월 7일 원가 ₩110,000인 상품을 ₩150,000에 외상으로 판매하다.
9월 30일 매입채무 ₩110,000을 현금으로 지급하다.
10월 5일 매출채권 ₩115,000을 현금으로 받다.
11월 30일 종업원의 급여 ₩95,000과 이자비용 ₩5,000원을 현금으로 지급하다.
12월 31일 토지 ₩60,000과 건물 ₩55,000을 현금으로 구입하다.

? 문제 1. 거래를 분개하고, T계정에 전기하시오.

❶ 분개

1월 1일	(차)	(대)
1월 3일	(차)	(대)
2월 6일	(차)	(대)
3월 4일	(차)	(대)
4월 20일	(차)	(대)
		(대)
7월 12일	(차)	(대)
8월 7일	(차)	(대)
		(대)
9월 30일	(차)	(대)
10월 5일	(차)	(대)
11월 30일	(차)	(대)
	(차)	
12월 31일	(차)	(대)
	(차)	

❷ 전기

[자　　산]

현　금

상　품

매출채권

토　　지

건　물

[부　　채]

차 입 금

매입채무

[자　　본]

자 본 금

[수　　익]

수수료수익

상품매출이익

[비　　용]

급　여

이자비용

문제 2. 시산표를 작성하시오

잔 액 시 산 표

(주)오송 20x8.12.31

차변 계정	금액	대변 계정	금액
현 금		매 입 채 무	
매 출 채 권		차 입 금	
상 품		자 본 금	
토 지		상품매출이익	
건 물		수 수 료 수 익	
급 여			
이 자 비 용			

합 계 시 산 표

(주)오송 20x8.12.31.

차 변	계정과목	대 변
	현 금	
	매 출 채 권	
	상 품	
	토 지	
	건 물	
	매 입 채 무	
	차 입 금	
	자 본 금	
	상품매출이익	
	수 수 료 수 익	
	급 여	
	이 자 비 용	
	계	

합 계 잔 액 시 산 표

(주)오송 20x8.12.31.

차변		계정과목	대변	
차 변	합 계		합 계	대 변
		현 금		
		매 출 채 권		
		상 품		
		토 지		
		건 물		
		매 입 채 무		
		차 입 금		
		자 본 금		
		상 품 매 출 이 익		
		수 수 료 수 익		
		급 여		
		이 자 비 용		
		계		

문제 3. 계정을 마감하시오.

❶ 손익계산서계정 마감

12월 31일 (차) (대)

12월 31일 (차) (대)

12월 31일 (차) (대)

[수 익]

수수료수익

			3/4	현 금	50,000

상품매출이익

			4/20	현 금	30,000
			8/7	매출채권	40,000

[비 용]

급 여

11/30	현금	5,000			

이자비용

11/30	현금	5,000			

[집 합 손 익 과 이 익 잉 여 금]

집합손익

이익잉여금

❷ 대차대조표계정 마감

[자 산]

현 금

1/1	자본금	100,000	2/ 6	상 품	80,000
1/3	차입금	50,000	9/30	매입채무	110,000
3/4	수수료 수 익	50,000	11/30	급 여	95,000
4/20	상 품	70,000		이자비용	5,000
	상품매출 이 익	30,000	12/31	토 지	60,000
10/5	매출채권	115,000		건 물	55,000

상 품

2/6	현 금	80,000	4/20	현 금	70,000
7/12	매입채무	140,000	8/7	매출채권	110,000

매출채권

8/7	상 품	110,000	10/5	현 금	115,000
	상 품 매출이익	40,000			

토 지

12/31	현 금	60,000			

건 물	
12/31 현 금 55,000	

[부 채]

차입금	
	1/ 3 현 금 50,000

매입채무	
9/30 현 금 110,000	7/12 상 품 140,000

[자 본]

자본금	
	1/ 1 현 금 100,000

이익잉여금	
	12/31 집합손익 20,000

문제 4 대차대조표와 손익계산서를 작성하시오

대 차 대 조 표

(주)오송 20x8.12.31 (단위: 원)

현 금		매 입 채 무	
매 출 채 권		차 입 금	
상 품		자 본 금	
토 지		이 익 잉 여 금	
건 물			

손 익 계 산 서

(주)오송 20x8.1.1.~20x8.12.31. (단위: 원)

급 여		상품매출이익	
이 자 비 용		수 수 료 수 익	
당 기 순 이 익			

풀이

❶ 분 개

1월 1일	(차) 현 금	100,000	(대) 자 본 금	100,000
1월 3일	(차) 현 금	50,000	(대) 차 입 금	50,000
2월 6일	(차) 상 품	80,000	(대) 현 금	80,000
3월 4일	(차) 현 금	50,000	(대) 수수료수익	50,000
4월 20일	(차) 현 금	100,000	(대) 상 품	70,000
			상품매출이익	30,000
7월 12일	(차) 상 품	140,000	(대) 매입채무	140,000
8월 7일	(차) 매출채권	150,000	(대) 상 품	110,000
			상품매출이익	40,000
9월 30일	(차) 매입채무	110,000	(대) 현 금	110,000
10월 5일	(차) 현 금	115,000	(대) 매출채권	115,000
11월 30일	(차) 급 여	95,000	(대) 현 금	100,000
	이자비용	5,000		
12월 31일	(차) 토 지	60,000	(대) 현 금	115,000
	건 물	55,000		

❷ 전 기

[자 산]

현 금

차변			대변		
1/ 1	자본금	100,000	2/ 6	상 품	80,000
1/ 3	차입금	50,000	9/30	매입채무	110,000
3/ 4	수수료수익	50,000	11/30	급 여	95,000
4/20	상 품	70,000		이자비용	5,000
	상품매출이익	30,000	12/31	토 지	60,000
10/5	매출채권	115,000		건 물	55,000

상 품

차변			대변		
2/ 6	현 금	80,000	4/20	현 금	70,000
7/12	매입채무	140,000	8/ 7	매출채권	110,000

매출채권

차변			대변		
8/ 7	상 품	110,000	10/5	현 금	115,000
	상품매출이익	40,000			

토 지

차변			대변		
12/31	현 금	60,000			

건 물

차변			대변		
12/31	현 금	55,000			

[부 채]

차 입 금

차변	대변
	1/ 3 현 금 50,000

매입채무

차변	대변
9/30 현 금 110,000	7/12 상 품 140,000

[자 본]

자 본 금

차변	대변
	1/ 1 현 금 100,000

[수 익]

수수료수익

차변	대변
	3/ 4 현 금 50,000

상품매출이익

차변	대변
	4/20 현 금 30,000
	8/ 7 매출채권 40,000

[비 용]

급 여

차변	대변
11/30 현 금 95,000	

이자비용

차변	대변
11/30 현 금 5,000	

❸ 시산표 작성

잔 액 시 산 표

(주)오송 20x8.12.31. (단위: 원)

차변 계정	금액	대변 계정	금액
현 금	10,000	매 입 채 무	30,000
매 출 채 권	35,000	차 입 금	50,000
상 품	40,000	자 본 금	100,000
토 지	60,000	상품매출이익	70,000
건 물	55,000	수 수 료 수 익	50,000
급 여	95,000		
이 자 비 용	5,000		
	300,000		300,000

합 계 시 산 표

(주)오송 20x8.12.31. (단위: 원)

차 변	계정과목	대 변
415,000	현 금	405,000
150,000	매 출 채 권	115,000
220,000	상 품	180,000
60,000	토 지	
55,000	건 물	
110,000	매 입 채 무	140,000
	차 입 금	50,000
	자 본 금	100,000
	상 품 매 출 이 익	70,000
	수 수 료 수 익	50,000
95,000	급 여	
5,000	이 자 비 용	
1,110,000		1,110,000

합 계 잔 액 시 산 표

(주)오송 20x8.12.31. (단위: 원)

차 변		계정과목	대 변	
차 변	합 계		합 계	대 변
10,000	415,000	현 금	405,000	
35,000	150,000	매 출 채 권	115,000	
40,000	220,000	상 품	180,000	
60,000	60,000	토 지		
55,000	55,000	건 물		
	110,000	매 입 채 무	140,000	30,000
		차 입 금	50,000	50,000
		자 본 금	100,000	100,000
		상품매출이익	70,000	70,000
		수 수 료 수 익	50,000	50,000
95,000	95,000	급 여		
5,000	5,000	이 자 비 용		
300,000	1,110,000		1,110,000	300,000

❹ 손익계산서계정 마감

일자		차변	금액		대변	금액
12월 31일	(차)	상품매출이익	70,000	(대)	집합손익	120,000
		수수료수익	50,000			
		(수익소멸)				
12월 31일	(차)	집합손익	100,000	(대)	급　　여	95,000
					이자비용	5,000
					(비용소멸)	
12월 31일	(차)	집합손익	20,000	(대)	이익잉여금	20,000
					(자본증가)	

[수　익]

수수료수익

일자	계정	금액	일자	계정	금액
12/31	집합손익	50,000	3/4	현　금	50,000

상품매출이익

일자	계정	금액	일자	계정	금액
12/31	집합손익	70,000	4/20	현　금	30,000
			8/ 7	매출채권	40,000
		70,000			70,000

[비　용]

급　여

일자	계정	금액	일자	계정	금액
11/30	현　금	95,000	12/31	집합손익	95,000

이자비용

일자	계정	금액	일자	계정	금액
11/30	현　금	5,000	12/31	집합손익	5,000

[집합손익과 이익잉여금]

집합손익

일자	계정	금액	일자	계정	금액
12/31	급　여	95,000	12/31	상품매출이익	70,000
	이자비용	5,000		수수료수익	50,000
12/31	이익잉여금	20,000			
		120,000			120,000

이익잉여금

일자	계정	금액	일자	계정	금액
			12/31	집합손익	20,000

❺ 대차대조표계정 마감

[자　산]

현　금

일자	계정	금액	일자	계정	금액
1/ 1	자본금	100,000	2/ 6	상　품	80,000
1/ 3	차입금	50,000	9/30	매입채무	110,000
3/ 4	수수료수익	50,000	11/30	급　여	95,000
4/20	상　품	70,000		이자비용	5,000
	상품매출이익	30,000	12/31	토　지	60,000
10/ 5	매출채권	115,000		건　물	55,000
			12/31	차기이월	10,000
		415,000			415,000
1/ 1	전기이월	10,000			

상　품

일자	계정	금액	일자	계정	금액
2/ 6	현　금	80,000	4/20	현　금	70,000
7/12	매입채무	140,000	8/ 7	매출채권	110,000
			12/31	차기이월	40,000
		220,000			220,000
1/ 1	전기이월	40,000			

매출채권

차변		대변	
8/ 7 상 품	100,000	10/ 5 현 금	115,000
상품매출이익	50,000	12/31 차기이월	35,000
	150,000		150,000
1/1 전기이월	35,000		

토 지

차변		대변	
12/31 현 금	60,000	12/31 차기이월	60,000
1/ 1 전기이월	60,000		

건 물

차변		대변	
12/31 현 금	55,000	12/31 차기이월	55,000
1/ 1 전기이월	55,000		

[부 채]

차 입 금

차변		대변	
12/31 현 금	50,000	1/ 3 현 금	50,000
		1/ 1 전기이월	50,000

매입채무

차변		대변	
9/30 현 금	110,000	7/12 상 품	140,000
12/31 차기이월	30,000		
	140,000		140,000
		1/ 1 전기이월	30,000

[자 본]

자 본 금

차변		대변	
12/31 차기이월	100,000	1 / 1 현 금	100,000
		1 / 1 전기이월	100,000

이익잉여금

차변		대변	
12/31 차기이월	20,000	12/31 집합손익	20,000
		1 / 1 전기이월	20,000

❻ 대차대조표 및 손익계산서 작성

대 차 대 조 표

(주)오송 20x8.12.31 (단위: 원)

차변		대변	
현 금	10,000	매 입 채 무	30,000
매 출 채 권	35,000	차 입 금	50,000
상 품	40,000	자 본 금	100,000
토 지	60,000	이 익 잉 여 금	20,000
건 물	55,000		
	200,000		200,000

손 익 계 산 서

(주)오송 20x8.1.1.~ 20x8.12.31. (단위: 원)

차변		대변	
급 여	95,000	상 품 매 출 이 익	70,000
이 자 비 용	5,000	수 수 료 수 익	50,000
당 기 순 이 익	20,000		
	120,000		120,000

연습문제

문제 1. 다음은 (주)신승의 20x8년 회계연도 중에 발생한 거래들이다. 물음에 답하시오.

1월 1일	현금 ₩200,000을 출자하여 전자대리점을 개업하다.
2월 6일	상품 ₩50,000을 현금으로 매입하다.
4월 3일	영업용 에어콘을 구입하고, 대금 ₩70,000을 현금으로 지급하다.
6월 4일	은행에서 현금 ₩150,000을 차입하다.
8월 6일	상품 ₩80,000을 외상으로 매입하다.
9월 30일	사무실 임차료 ₩30,000을 현금으로 지급하다.
10월 8일	상품(원가 ₩90,000)을 ₩180,000에 외상매출하다
11월 11일	종업원 급여 ₩45,000을 현금으로 지급하다.
12월 15일	매출채권 ₩60,000을 현금으로 받다.

[물 음]

1. 거래를 분개하고, T계정에 전기하시오.

2. 잔액시산표를 작성하시오.

3. 마감분개를 하고, 손익계산서계정을 마감하시오.

4. 대차대조표계정을 마감하시오.

5. 대차대조표와 손익계산서를 작성하시오.

HINT

* 당기순이익 : ₩15,000

문제 2. 다음은 (주)엔젤의 20x8년 1월 1일부터 20x8년 12월 31일까지 발생한 거래들이다. 물음에 답하시오.

1월 1일 현금 ₩200,000을 자본으로 하여 의류도매점을 개업하다.
2월 3일 영업용 컴퓨터 1대를 구입하고 대금 ₩6,000을 현금으로 지급하다.
3월 3일 상품 ₩150,000을 구입하고 대금은 현금으로 지급하다.
4월 4일 은행에서 현금 ₩100,000을 빌리다.
5월 5일 상품(원가 ₩90,000)을 ₩115,000에 판매하고 대금은 현금으로 받다.
6월 6일 상품 ₩60,000을 외상으로 매입하다.
7월 7일 상품매매의 중개수수료로 ₩3,000을 현금으로 받다.
8월 8일 상품(원가 ₩70,000)을 ₩88,000에 외상매출하다.
9월 9일 매입채무 ₩40,000을 현금으로 지급하다.
9월 15일 매출채권 ₩65,000을 현금으로 받다.
10월 10일 차입금 ₩50,000과 이자 ₩1,000을 현금으로 지급하다.
11월 11일 종업원 급여 ₩15,000을 현금으로 지급하다.
12월 30일 사무실 임차료 ₩4,000을 현금으로 지급하다.

[물 음]

1. 거래를 분개하고, T계정에 전기하시오.

2. 잔액시산표를 작성하시오.

3. 마감분개를 하고, 손익계산서계정을 마감하시오.

4. 대차대조표계정을 마감하시오.

5. 대차대조표와 손익계산서를 작성하시오.

HINT

* 당기순이익 : ₩26,000

제4장

재무제표의 이해

제 4 장

재무제표의 이해

재무제표는 회계순환과정의 최종산물이다. 이러한 재무제표는 재무보고의 중심적인 수단으로서 이를 통하여 기업실체에 관한 재무적 정보를 외부의 이해관계자들에게 전달하게 된다. 기업회계기준에서는 대차대조표, 손익계산서, 이익잉여금처분계산서(또는 결손금처리계산서), 현금흐름표, 자본변동표를 기본재무제표로 규정하고 있다. 제4장에서는 재무제표의 내용과 구성요소에 대하여 살펴보기로 한다.

제1절 대차대조표

대차대조표는 일정시점의 재무상태를 나타내는 정태적 재무제표로서, 일정시점 현재 기업이 보유하고 있는 경제적 자원인 자산과 경제적 의무인 부채, 그리고 자본에 관한 정보를 제공하는 재무보고서이다. 따라서 대차대조표의 구성요소는 자산, 부채, 자본으로 구성된다.

대차대조표 { 자 산
부 채
자 본

1. 자 산

자산(assets)이란 기업이 소유하고 있는 현금, 상품, 비품, 건물, 토지 등의 재화와 매출채권, 대여금 등의 채권 및 법률상의 권리를 의미하는 것으로, 과거의 거래나 사건의 결과로서 현재 기업실체에 의해 지배되고 미래의 경제적 효익을 창출할 것으로 기대되는 자원을 말한다. 여기서 미래의 경제적 효익

(future economic benefits)이란 미래에 현금유입을 증가시키거나 현금지출을 감소시키는 능력을 말한다. 자산은 크게 현금화의 정도에 따라 유동자산과 비유동자산으로 분류한다.

자 산 { 유동자산
비유동자산 }

(1) 유동자산

유동자산은 자산 중에서 대차대조표일로부터 1년 또는 정상영업주기 이내에 현금화가 가능한 자산으로, 그 성격에 따라 당좌자산과 재고자산으로 분류된다.

유동자산 { 당좌자산
재고자산 }

① 당좌자산

당좌자산이란 판매과정을 거치지 않고 대차대조표일로부터 1년 이내에 현금화할 수 있는 자산으로서 현금및현금성자산, 단기금융상품, 단기매매증권, 매출채권, 단기대여금, 미수금, 선급금, 미수수익, 선급비용 등을 그 예로 들 수 있다.

② 재고자산

재고자산이란 판매과정을 거쳐야만 대차대조표일로부터 1년 이내에 현금화할 수 있는 자산으로서, 상품 등을 그 예로 들 수 있다.

(2) 비유동자산

비유동자산은 자산 중에서 대차대조표일로부터 1년 이후에 현금화가 가능한 자산으로, 그 성격에 따라 투자자산, 유형자산, 무형자산, 기타비유동자산으로 분류된다.

비유동자산 { 투자자산
유형자산
무형자산
기타비유동자산 }

① 투자자산

투자자산이란 기업이 장기적인 투자수익이나 타기업 지배목적 등의 부수적인 기업활동의 결과로 보유하는 자산으로서 투자부동산, 장기투자증권, 지분법적용투자주식, 장기금융상품, 장기대여금 등을 그 예로 들 수 있다.

② 유형자산

유형자산이란 판매목적이 아닌 기업이 경영활동에 장기간 사용할 목적으로 보유하고 있는 물리적 형태가 있는 자산으로서 토지, 건물, 비품, 기계장치, 차량운반구, 건설중인자산 등을 그 예로 들 수 있다.

③ 무형자산

무형자산이란 기업이 경영활동에 장기간 사용할 목적으로 보유하고 있는 물리적 형태가 없는 자산으로서 영업권, 산업재산권(특허권, 상표권 등), 개발비 등을 그 예로 들 수 있다.

④ 기타비유동자산

기타비유동자산이란 대차대조표일로부터 1년 이후에 현금화가 되는 자산으로 비유동자산 중 투자자산, 유형자산, 무형자산에 속하지 않는 자산으로서 임차보증금, 이연법인세자산(유동자산으로 분류되는 부분 제외), 장기매출채권 및 장기미수금 등을 그 예로 들 수 있다.

2. 부 채

부채(liabilities)란 기업이 미래에 일정한 금액을 갚아야 할 채무를 의미하는 것으로, 과거의 거래나 사건의 결과로서 현재 기업실체가 부담하고 그 이행에 자원의 유출이 예상되는 의무를 말한다. 즉, 부채는 기업이 미래의 어느 시점에서 제3자에게 현금을 지급하거나 기타 재화나 용역을 제공해야 할 의무이다. 부채는 크게 상환하는 시점에 따라 유동부채와 비유동부채로 분류한다.

부 채 { 유동부채
　　　　 비유동부채

(1) 유동부채

유동부채란 대차대조표일로부터 1년 또는 정상영업주기 이내에 만기가 도래하여 상환해야 하는 부채로서 매입채무, 단기차입금, 미지급금, 미지급비용, 선수수익, 선수금, 예수금, 유동성장기부채 등을 그 예로 들 수 있다.

(2) 비유동부채

비유동부채란 대차대조표일로부터 1년 이후에 만기가 도래하여 상환해야 하는 부채로서 사채, 신주인수권부사채, 전환사채, 장기차입금, 퇴직급여충당부채, 이연법인세부채, 장기미지급금, 임대보증금 등을 그 예로 들 수 있다.

3. 자 본

자본(capital)이란 자산총액에서 부채총액을 차감한 잔여액 또는 순자산으로서, 기업의 자산에 대한 소유주의 지분 또는 주주지분을 말한다. 자본은 자본금, 자본잉여금, 자본조정, 기타포괄손익누계액, 이익잉여금으로 분류된다.

자 본
- 자본금
- 자본잉여금
- 자본조정
- 기타포괄손익누계액
- 이익잉여금

(1) 자 본 금

자본금이란 법정자본금을 의미한다. 즉, 기업이 발행한 주식의 액면가 총액으로, 1주당 액면가액에 실제 발행주식수를 곱하여 계산된 금액이다.

$$\text{자본금} = \text{발행주식수} \times \text{주식액면금액}$$

(2) 자본잉여금

자본잉여금이란 주식발행에 의한 주식의 납입, 증자나 감자 등 주주와의 자본거래에 의하여 자본을 증가시키는 잉여금을 말한다. 자본잉여금은 주식발행초과금과 기타자본잉여금으로 구분하여 표시한다.

(3) 자본조정

자본조정이란 자본에 대해 가산하거나 차감하는 방식으로 이를 조정하는 항목을 말한다. 즉, 자본조정은 당해 항목의 성격으로 보아 주주와의 자본거래에 해당하나, 최종적으로 기업에 납입된 자본으로 볼 수 없거나 자본의 가감 성격으로 자본금이나 자본잉여금으로 분류할 수 없는 항목을 말하며 자기주식을 대표적인 예로 들 수 있다.

(4) 기타포괄손익누계액

기타포괄손익누계액이란 손익거래 중 당기순손익의 계산에 포함되지 않은 손익의 잔액을 의미하는 것으로 매도가능증권평가손익을 그 대표적인 예로 들 수 있다.

(5) 이익잉여금

이익잉여금은 기업이 설립된 시점에서부터 영업을 통해 벌어들인 순이익 중 주주에게 배당금으로 지급되거나 다른 형태의 자본으로 전환되지 않은 부분의 누적액이다. 이익잉여금은 법정적립금, 임의적립금 및 미처분이익잉여금(또는 미처리결손금)으로 분류된다

이익잉여금
- 법정적립금
- 임의적립금
- 미처분이익잉여금(또는 미처리결손금)

❶ 법정적립금 – 상법 등의 법규에 따라 기업 내부에 의무적으로 적립한 이익잉여금을 말한다.

❷ 임의적립금 – 정관의 규정 또는 주주총회의 결의에 따라 기업이 임의적으로 적립한 이익잉여금을 말한다.

❸ 미처분이익잉여금 – 결산기말 현재 처분하지 않고 차기에 이월된 이익잉여금에 당기순이익을 합한 금액을 말한다.

4. 대차대조표의 양식

대차대조표의 양식에는 계정식과 보고식의 두 가지가 있다. 계정식은 대차

대조표를 차변과 대변으로 구분하여 자산은 차변, 부채와 자본은 대변에 기입하는 형식으로 작성하는 양식을 말하며, 보고식은 자산·부채 및 자본을 구분하지 아니하고 대차대조표를 위에 자산계정을, 가운데에 부채계정을, 그 다음에 자본계정을 차례로 배열하여 작성하는 양식이다(부록 양식 참조). 기업회계기준에서는 보고식을 원칙으로 하되, 계정식도 사용할 수 있도록 규정하고 있다.

다음은 (주)UT의 20x8년 12월 31일 현재 총계정원장 기말잔액의 자료를 이용하여, (주)UT의 대차대조표를 기업회계기준 양식에 따라 계정식으로 작성한 예이다.

대차대조표

(주)UT 20x8년 12월 31일 (단위: 원)

자 산			부 채	
유 동 자 산			**유 동 부 채**	
당 좌 자 산			매 입 채 무	6,000,000
현금및현금성자산		2,100,000	단기차입금	2,000,000
단기금융상품		4,000,000	미 지 급 금	2,000,000
단기매매증권		1,000,000	미지급비용	300,000
매 출 채 권	3,000,000		선 수 수 익	400,000
대손충당금	(100,000)	2,900,000	선 수 금	100,000
단기대여금		1,300,000	예 수 금	200,000
미 수 금		1,000,000	**비유동부채**	
미수수익		200,000	장기차입금	1,500,000
선 급 금		300,000	퇴직급여충당부채	1,000,000
선급비용		100,000	장기매입채무	1,500,000
재고자산			임대보증금	5,000,000
상 품		9,000,000	**부 채 총 계**	20,000,000
			자 본	
			자 본 금	
			보통주자본금	50,000,000
			우선주자본금	10,000,000
			자본잉여금	
			주식발행초과금	10,000,000
			자 본 조 정	
비유동자산			자 기 주 식	(100,000)
투 자 자 산			**기타포괄손익누계액**	
장기금융상품		5,000,000	매도가능증권평가이익	200,000
투자부동산		4,000,000	**이익잉여금**	
장기대여금		3,000,000	법정적립금	6,000,000
유 형 자 산			임의적립금	2,000,000
토 지		20,000,000	미처분이익잉여금	1,900,000
건 물	15,000,000			
감가상각누계액	(4,000,000)	11,000,000		
비 품	5,000,000			
감가상각누계액	(2,000,000)	3,000,000		
기 계 장 치	10,000,000			
감가상각누계액	(3,000,000)	7,000,000		
건설중인자산		6,100,000		
무형자산				
영 업 권		5,000,000		
산업재산권		3,000,000		
기타비유동자산				
임차보증금		10,000,000		
장기미수금		1,000,000	**자 본 총 계**	80,000,000
자산총계		100,000,000	**부채와자본총계**	100,000,000

제2절 손익계산서

손익계산서는 일정기간 동안의 기업의 경영성과(이익)에 대한 정보를 제공하는 재무보고서이다. 기업의 경영성과는 수익에서 비용을 차감하여 계산하므로 손익계산서의 구성요소는 수익과 비용으로 구성된다.

기업회계기준에 의한 손익계산서는 이익을 총수익에서 총비용을 차감하여 당기순이익만을 보고 하지 않고 다음과 같이 여러 유형의 이익으로 구분하여 표시하도록 규정하고 있다.

1. 매 출 액
2. 매출원가
3. 매출총손익
4. 판매비와관리비
5. 영업손익
6. 영업외수익
7. 영업외비용
8. 법인세비용차감전순손익
9. 법인세비용
10. 당기순손익
11. 주당손익

1. 수익과 비용

(1) 매 출 액

매출액은 기업의 주된 영업활동에서 발생한 수익으로서, 상품 등의 총매출액에서 매출할인, 매출환입, 매출에누리 등을 차감한 금액을 말한다.

(2) 매출원가

매출원가는 상품 등의 매출액에 대응되는 원가로서 판매된 상품 등에 대한 매입원가를 말하며 대표적인 비용이다. 매출원가의 산출과정은 본문에 표시하거나 주석으로 기재한다.

매출원가는 기초상품재고액에 당기상품매입액을 가산하고 기말상품재고액을 차감한 금액을 말하며, 당기상품매입액은 상품의 총매입액에서 매입할인, 매입환출, 매입에누리 등을 차감한 금액으로 한다.

(3) 매출총손익

매출총손익은 매출액에서 매출원가를 차감하여 산출한다.

(4) 판매비와관리비

판매비와관리비는 상품과 용역의 판매활동 또는 기업의 관리와 유지에서 발생하는 비용으로 급여, 퇴직급여, 복리후생비, 여비교통비, 운반비, 통신비, 수도광열비, 수선비, 차량유지비, 임차료, 접대비, 감가상각비, 무형자산상각비, 세금과공과, 광고선전비, 경상개발비, 대손상각비, 소모품비, 잡비 등 매출원가에 속하지 아니하는 모든 영업비용을 포함하며, 당해 비용을 표시하는 적절한 항목으로 구분한다.

(5) 영업손익

영업손익은 매출총손익에서 판매비와관리비를 차감하여 산출한다.

(6) 영업외수익

영업외수익은 기업의 주된 영업활동이 아닌 활동으로부터 발생한 수익과 차익으로서 이자수익, 배당금수익, 임대료, 단기투자자산처분이익, 단기투자자산평가이익, 투자자산처분이익, 유형자산처분이익, 자산수증이익, 채무면제이익, 잡이익 등을 들 수 있다.

(7) 영업외비용

영업외비용은 기업의 주된 영업활동이 아닌 활동으로부터 발생한 비용과 차손으로서 이자비용, 기타의 대손상각비, 단기투자자산처분손실, 단기투자자산평가손실, 기부금, 투자자산처분손실, 유형자산처분손실, 재해손실, 잡손실 등을 들 수 있다.

(8) 법인세비용차감전순손익

법인세비용차감전순손익은 영업손익에 영업외수익을 가산하고 영업외비용을 차감하여 산출한다.

(9) 당기순손익

당기순손익은 법인세비용차감전순손익에서 법인세비용을 차감하여 산출한다. 법인세비용이란 법인을 납세의무자로 하고 법인의 소득을 과세대상으로 하는 조세를 말하며, 이에는 법인세와 주민세 및 농어촌특별세가 포함된다.

(10) 주당손익

주당순이익(EPS: earnings per share)이란 순이익을 발행주식수로 나눈 것을 말한다. 주당순이익은 손익계산서 본문에 표시하고 그 산출근거를 주석으로 기재한다.

순이익의 계산과정을 표로 작성하여 보면 다음과 같다.

순이익의 계산과정

매 출 액	xxx
매출원가	xxx
기초상품재고액	xxx
당기상품매입액	xxx
기말상품재고액	(xxx)
매출총손익	xxx
판매비와관리비	xxx
영업손익	xxx
영업외수익	xxx
영업외비용	xxx
법인세비용차감전순손익	xxx
법인세비용	xxx
당기순손익	xxx

2. 손익계산서의 양식

손익계산서의 양식에도 계정식과 보고식의 두 가지가 있다. 계정식은 손익계산서를 차변과 대변으로 구분하여 비용은 차변, 수익은 대변에 기입하는 형식으로 작성하는 양식을 말하며, 보고식은 손익계산서를 상하 차감하는 형식으로 구분별 수익에서 대응되는 비용을 차례로 차감하여 당기순손익을 작성하는 양식이다(부록 참조). 기업회계기준에서는 손익계산서는 보고식으로만 작성하도록 규정하고 있다.

다음은 (주)UT의 20x8년 1월 1일부터 20x8년 12월 31일까지 발생한 수익과 비용에 대한 자료를 이용하여 (주)UT의 손익계산서를 기업회계기준 양식에 따라 보고식으로 작성한 예이다.

손 익 계 산 서

(주)UT	20x8년 1월 1일부터 20x8년 12월 31일까지	(단위: 천원)
매 출 액		10,000
매 출 원 가		5,100
기초상품재고액	300	
당기상품매입액	5,000	
기말상품재고액	(200)	
매출총이익		4,900
판매비와관리비		1,500
급 여	420	
복리후생비	20	
광고선전비	80	
임 차 료	90	
무형자산상각비	180	
세금과공과	25	
보 험 료	130	
대손상각비	20	
감가상각비	400	
통 신 비	10	
소모품 비	15	
여비교통비	110	
영 업 이 익		3,400
영업외수익		400
이 자 수 익	250	
임 대 료	100	
유형자산처분이익	50	
영업외비용		100
이 자 비 용	100	
법인세비용차감전순이익		3,700
법인세비용		500
당기순이익		3,200

제3절 기타의 재무제표

1. 이익잉여금처분계산서(또는 결손금처리계산서)

이익잉여금처분계산서(또는 결손금처리계산서)란 이익잉여금의 처분사항(또는 결손금의 처리사항)을 명확히 보고하기 위한 재무보고서이다. 이익잉여금처분계산서는 미처분이익잉여금, 임의적립금 등의 이입액, 이익잉여금 처분액, 차기이월미처분이익잉여금으로 구분하여 표시한다(부록 양식 참조).

한편, 비용이 수익을 초과하여 결손이 발생할 경우에는 결손금처리계산서를 작성해야 한다. 결손금처리계산서는 미처리결손금, 결손금처리액, 차기이월미처리결손금으로 구분하여 표시한다(부록 양식 참조).

2. 현금흐름표

현금흐름표란 기업의 현금흐름에 대한 정보를 제공하는 재무보고서로서, 회계기간 동안의 현금의 유입과 유출에 관한 정보를 제공한다. 현금흐름표는 영업활동으로 인한 현금흐름, 투자활동으로 인한 현금흐름, 재무활동으로 인한 현금흐름으로 구분하여 표시하고, 이에 기초의 현금을 가산하여 기말의 현금을 산출하는 형식으로 표시한다.

3. 자본변동표

자본변동표란 대차대조표에 표시되는 자본의 크기와 그 변동에 관한 정보를 제공하는 재무보고서로서, 자본을 구성하고 있는 자본금, 자본잉여금, 자본조정, 기타포괄손익누계액, 이익잉여금(또는 결손금)의 변동사항에 대한 포괄적인 정보를 제공한다.

자본변동표에는 자본금, 자본잉여금, 자본조정, 기타포괄손익누계액, 이익잉여금(또는 결손금)의 각 항목별로 기초잔액, 변동사항, 기말잔액을 표시한다(부록 양식 참조).

4. 기타 재무정보

❶ 주기－주기는 재무제표상의 해당 계정과목 다음에 괄호 등을 이용하여 그 회계사실의 내용을 간단한 자구 또는 숫자로 표시하는 것을 말한다.

❷ 주석－주석은 재무제표상의 해당 계정과목이나 금액에 기호나 번호를 붙이고 난외 또는 별지에 동일한 기호나 번호를 표시하여 그 내용을 설명하는 것이다. 주석은 재무제표 본문의 정보에 추가하여 재무제표의 전반적인 이해를 위하여 필요한 양적 정보뿐만 아니라 질적 정보를 제공한다.

제5장

현금·예금 및 금융상품

제 5 장 현금·예금 및 금융상품

제1절 현 금

1. 현금의 의의

현금(cash)은 기업이 가지고 있는 자산 중에서 가장 유동성이 높은 자산이다. 현금은 구매력이나 지불수단으로 즉시 이용할 수 있기 때문에 재화나 용역과 용이하게 교환될 수 있다. 따라서 회계상 현금은 교환의 매개로 사용할 수 있는 주화나 지폐 등 통화뿐만 아니라 언제든지 통화와 교환해서 쓸 수 있는 통화대용증권도 포함한다.

* 통 화 – 한국은행이 발행한 지폐, 주화 등의 화폐
* 통화대용증권 – 통화는 아니지만 통화와 같은 효력으로 사용되는 것, 즉 언제든지 통화와 교환할 수 있는 것으로서 타인발행수표(다른 회사가 발행한 당좌수표, 은행이 발행한 자기앞수표 등), 우체국에서 발행하는 우편환증서, 만기가 도래한 공사채 이자표, 배당금지급통지서 등을 말한다.

기업의 경영활동에 의해서 발생된 현금의 증감은 현금계정에 기입한다. 통화 및 통화대용증권의 수입은 현금계정의 차변에, 지출은 현금계정의 대변에 기입한다. 따라서 현금계정의 잔액은 항상 차변에 생기며, 이는 현금계정 현재 잔액을 나타낸다.

현	금
현금의 증가	현금의 감소 } 현금 잔액

예제 5-1 다음 거래를 분개하고, 현금계정에 전기하시오.

1월 3일 상품 ₩100.000을 매출하고, 대금은 당좌수표로 받다.
3월 3일 상품 ₩50,000을 매입하고, 대금은 은행발행 자기앞수표로 지급하다.

풀이

1. 분 개

1월 3일	(차) 현 금	100,000	(대) 상 품		100,000
3월 3일	(차) 상 품	50,000	(대) 현 금		50,000

2. 전기(현금계정)

현		금	
1/3 상품	100,000	3/3 상 품	50,000

2. 현금과부족

현금을 취급할 경우 기장상의 오류, 도난, 분실 등의 원인으로 현금 시재액이 장부잔액과 일치하지 않을 경우가 많다. 이러한 경우에는 그 원인이 밝혀질 때까지 현금과부족이라는 임시계정을 설정하여 처리한다.

현금시재액이 장부잔액을 초과할 때는 현금과부족계정의 대변에, 부족할 때에는 차변에 기입하며, 과부족 원인이 판명되면 해당 계정에 대체하고 결산시까지 원인이 밝혀지지 않을 경우 부족액은 잡손실(영업외비용)로, 초과액은 잡이익(영업외수익)으로 대체하여 처리한다.

예제 5-2 다음 거래를 분개하시오.

6월 5일 현금을 실사한 바 실제액이 장부잔액보다 ₩10,000 초과하였다.
6월 6일 원인을 조사한 결과 이자수익 ₩6,000의 기장 누락이 발견되었다.
12월 31일 나머지 ₩4,000에 대한 원인은 밝히지 못하다.

풀이

6월 5일	(차) 현 금	10,000	(대) 현금과부족	10,000
6월 6일	(차) 현금과부족	6,000	(대) 이 자 수 익	6,000
12월 31일	(차) 현금과부족	4,000	(대) 잡 이 익	4,000

예제 5-3 다음 거래를 분개하시오.

6월 5일 현금의 실제 잔액이 장부잔액보다 ₩50,000 부족함이 발견되었다.
6월 6일 원인을 조사한 결과 교통비 ₩40,000의 기장 누락이 발견되었다.
12월 31일 나머지 부족액에 대한 원인은 결산기까지 밝히지 못하다.

풀이

6월 5일	(차) 현금과부족	50,000	(대) 현 금	50,000
6월 6일	(차) 여비교통비	40,000	(대) 현금과부족	40,000
12월 31일	(차) 잡 손 실	10,000	(대) 현금과부족	10,000

제2절 예 금

예금이란 이자수익 및 금융서비스를 받기 위해 은행이나 기타 금융기관에 예치해 놓은 현금을 말한다. 예금은 요구불예금과 저축성예금으로 분류할 수 있다.

요구불예금은 보통예금, 당좌예금 등과 같이 이자수익을 얻기보다는 보유중인 현금의 보호와 통제를 위하여 은행에 일시적으로 예치하는 예금으로서 제한 없이 필요한 자금을 수시로 인출할 수 있기 때문에 일반지급수단인 현금과 동일하다고 할 수 있다. 저축성예금은 정기예금, 정기적금 등과 같이 요구불예금과는 달리 이자수익을 얻을 목적으로 일정기간 동안 예치하는 예금이다.

저축성예금은 당해 예금의 만기가 대차대조표일로부터 1년 이내에 도달하는 경우에는 단기금융상품(당좌자산)으로 분류하고, 만기가 1년 이후에 도래하는 경우에는 장기금융상품(투자자산)으로 분류한다.

1. 당좌예금

예금에는 당좌예금, 보통예금, 정기예금, 정기적금 등 여러 종류의 예금이 있으나 일반적으로 대부분의 기업들은 은행에 당좌예금 계좌를 개설하여 현금의 유출입을 처리하고 있다.

당좌예금이란 기업이 거래은행과 당좌거래 계약을 체결하고 은행에 예입된 예금액의 범위 내에서 당좌수표를 발행하고, 그 대금의 지급을 은행에 위임하는 형식의 예금을 말한다. 당좌예금은 상품거래대금 등의 지급에 수표를 사용함으로써 현금의 도난이나 분실을 방지할 수 있다.

당좌예금에의 예입은 현금 및 타인발행수표 등으로 할 수 있으나, 당좌예금의 인출은 반드시 수표의 발행을 통해서만 가능하다. 통화나 통화대용증권을 예입하면 당좌예금계정의 차변에 기입하고, 당좌수표를 발행하면 대변에 기입한다. 따라서 당좌예금계정의 잔액은 차변에 생기며, 이는 당좌예금의 잔액을 나타낸다.

당 좌 예 금	
전기이월액	인 출 액
예 입 액	
	} 예금잔액

예제 5-4 다음 거래를 분개하시오.

1월 4일 그린은행에 당좌예금계좌를 개설하고 당좌개설보증금 ₩1,000,000을 예입하다.
1월 11일 상품을 ₩500,000에 판매하고 대금은 거래처발행 당좌수표를 받아 은행에 예입하다.
1월 22일 외상매입금 ₩100,000을 당좌수표를 발행하여 지급하다.

풀이

1월 4일	(차) 당좌개설보증금	1,000,000	(대) 현 금	1,000,000
1월 11일	(차) 당 좌 예 금	500,000	(대) 상 품	500,000
1월 22일	(차) 외 상 매 입 금	100,000	(대) 당좌예금	100,000

2. 당좌차월

당좌수표의 발행금액은 당좌예금 잔액의 범위 내에서 이루어져야 하며, 만일 잔액을 초과한 경우에는 부도가 발생하여 은행으로부터 지급이 거절된다. 그러나 사전에 은행과 당좌차월계약을 체결하여 인출한도액을 정해 놓으면 예금잔액을 초과하여도 그 한도액까지는 수표를 계속 발행할 수 있다.

당좌차월이란 은행과 당좌차월에 대한 약정이 있을 때 당좌예금 잔액을 초과하여 수표를 발행하는 것을 말한다. 즉, 당좌예금 잔액을 초과하여 수표를 발행한 금액을 당좌차월이라 한다.

당좌예금 잔액을 초과하여 당좌수표를 발행한 경우에는 당좌수표의 발행액 중 당좌예금 한도액까지만 당좌예금계정의 대변에 기록하고 당좌예금 초과액은 당좌차월계정을 설정하여 그 대변에 기입한다. 당좌차월은 은행으로부터 단기적으로 빌린 금액이므로 결산일 현재 당좌차월잔액은 단기차입금의 계정과목으로 하여 유동부채로 분류한다.

예제 5-5 다음 거래를 분개하고 전기하시오.

5월 5일 (주)미래는 상품 ₩400,000을 매입하고 대금은 당좌수표를 발행하여 지급하다. 단, 예금잔액은 ₩300,000이며, 당좌차월한도액 ₩200,000이 설정되어 있다.

풀이

5월 5일	(차) 상 품	400,000	(대) 당좌예금	300,000
			당좌차월	100,000

당좌예금

차변	대변
300,000	5/5 상 품 300,000

당좌차월

차변	대변
	5/5 상 품 100,000

제3절 금융상품

금융상품이란 금융기관이 취급하는 정기예금, 정기적금, 사용이 제한되어 있는 예금 및 기타 정형화된 상품 등을 말한다. 금융상품 중 단기적 자금운용 목적으로 소유하거나, 만기가 대차대조표일로부터 1년 이내에 도래하는 것은 단기금융상품(당좌자산)으로 분류하고, 만기가 1년 이후에 도래하는 것은 장기금융상품(투자자산)으로 분류한다.

note

1. 사용이 제한되어 있는 예금

① 사채를 상환하는데 필요한 자금을 마련하기 위하여 설정한 감채기금

② 금융기관에서 기업에 대출할 때 대출액의 일정비율만큼을 대출기간 중 예금 또는 적금으로 예치하도록 한 양건예금

③ 차입금에 대한 담보로 제공된 예금

④ 당좌거래를 개설한 은행에 예치한 당좌개설보증금 등이 있는데, 이들 예금에 대해서는 그 내용을 주석으로 기재해야 한다.

2. 기타 정형화된 상품
① 양도성예금증서(CD : certificate of deposit),
② 기업어음(CP : commercial paper)
③ 머니마켓펀드(MMF : money market fund),
④ 환매채(RP : repurchase agreements)
⑤ 어음관리구좌(CMA: cash management account)
⑥ 환매조건부채권(RP : repurchase agreements)
⑦ 기업금전신탁.
⑧ 표지어음 등이 있다.

예제 5-6 다음 거래를 분개하시오.

5월 8일 그린은행에 만기가 6개월인 정기예금에 가입하고 현금 ₩1,000,000을 지급하다.

11월 9일그린은행에 가입한 정기예금이 만기가 되어 원금과 이자 ₩50,000을 현금으로 받다.

풀이

5월 8일	(차) *정기예금	1,000,000	(대) 현　　금	1,000,000
11월 9일	(차) 현　　금	1,050,000	(대) 정기예금	1,000,000
			이자수익	50,000

* 회계기간 중에는 금융상품의 구체적인 명칭으로 관리하다가 결산시점에 정확한 계정과목(단기금융상품)으로 표시하면 된다.

제4절 대차대조표의 공시

기업은 기중의 현금에 대하여는 현금계정을, 당좌예금에 대해서는 당좌예금계정을, 기타예금에 대해서는 보통예금, 정기예금, 정기적금계정을 각각 설정하여 현금과 예금의 거래를 기록하는데, 이들 현금과 예금을 대차대조표에 공시할 때에는 현금과 요구불예금 및 현금성자산은 현금및현금성자산이라는 계정과목으로 통합하여 표시한다.

현금및현금성자산 = 현금(통화 및 통화대용증권) +
요구불예금(당좌예금, 보통예금) +
현금성자산

현금성자산이란 큰 거래비용 없이 현금으로 전환이 용이하고, 이자율 변동에 따른 가치변동의 위험이 중요하지 않은 단기금융상품으로서, 취득 당시 만기일 또는 상환일이 3개월 이내인 것을 말한다. 현금성자산으로 계상되는 단기금융상품으로는 취득 당시 만기가 3개월 이내에 도래하는 양도성예금증서, 가입당시 상환일이 3개월 이내인 환매체, 가입당시 만기일이 3개월 이내인 저축성예금 등의 단기금융상품이 이에 해당된다. 이들 단기금융상품은 언제든지 현금으로 전환이 가능하므로 현금과 거의 다름이 없다고 보아 현금의 범주에 포함시킨다.

현금 및 현금성자산은 기업의 유동성 판단에 중요한 정보이므로 별도 항목으로 구분하여 표시한다.

제6장

유가증권

제 6 장 유가증권

제1절 유가증권의 의의 및 분류

기업은 유휴자금을 활용하거나 또는 그 밖의 이유로서 주식, 사채, 국공채 등의 유가증권에 투자한다. 여유현금을 유가증권에 투자하여 관리함으로써 투자수익을 올릴 수 있으며, 현금이 필요한 경우에는 유가증권을 처분하여 쉽게 현금화시킬 수 있게 된다.

유가증권이란 재산권을 나타내는 증권(문서나 증서)으로서 회계상 지분증권과 채무증권으로 분류된다.

note

* 지분증권 – 회사의 순자산에 대한 소유지분을 나타내는 유가증권으로, 특정회사가 발행한 주식(보통주나 우선주) 등이 이에 해당된다.

* 채무증권 – 발행자에 대하여 금전을 청구할 수 있는 권리를 표시하는 유가증권을 말하며, 국가나 지방자치단체가 발행한 국공채, 금융기관이 발행한 금융채, 상법상 주식회사가 발행한 회사채(전환사채나 신주인수권부사채 포함) 등이 이에 해당된다.

유가증권은 취득한 후에 이를 보유하는 목적과 능력에 따라 단기매매증권, 매도가능증권 그리고 만기보유증권 중의 하나로 분류한다.

제2절 유가증권의 회계처리

1. 단기매매증권

단기매매증권은 주로 단기간 내의 매매차익을 목적으로 취득한 유가증권(주식이나 채권)으로서, 매수와 매도가 적극적이고 빈번하게 이루어지는 것을 말한다. 단기적인 이익을 획득할 목적으로 운용되는 것이 분명한 증권포트폴리오를 구성하는 유가증권은 유동자산(당좌자산)의 단기매매증권으로 분류한다.

① 단기매매증권의 취득

유가증권의 취득원가는 유가증권 취득을 위하여 제공한 대가의 시장가격에 취득부대비용(매입수수료, 거래세 등)을 포함한 가액으로 측정하는 것을 원칙으로 한다.

② 단기매매증권의 처분

단기매매증권을 처분하는 경우에는 단기매매증권의 장부가액과 처분가액과의 차액을 단기매매증권처분이익과 단기매매증권처분손실로 회계처리한다. 단기매매증권처분가액은 단기매매증권의 매각대금에서 매각과 관련된 수수료를 차감한 금액이어야 하며, 처분시 발생한 단기매매증권처분손익은 영업외수익 또는 영업외비용으로 분류된다.

③ 단기매매증권의 기말평가

단기매매증권은 결산시 공정가액(시장가격으로 대차대조표일 현재의 종가)에 의해 평가하여 공정가액을 대차대조표가액으로 계상하며, 공정가액과 장부가액의 차액은 단기매매증권평가이익 또는 단기매매증권평가손실로 회계처리한다. 평가시 발생한 단기매매증권평가손익은 영업외수익 또는 영업외비용으로 분류된다.

예제 6-1 다음 거래를 분개하시오.

3월 3일	단기매매차익을 목적으로 A주식 100주를 주당 ₩1,000에 매입하고 매입수수료 ₩10,000과 함께 현금으로 지급하다.
8월 8일	A주식 50주를 주당 ₩1,200에 처분하고, 매각수수료 ₩2,000을 차감한 잔액을 현금으로 수취하다.
12월 31일	A주식의 주당 공정가액은 ₩1,500(또는 ₩1,000)이다.

풀이

3월 3일	(차) 단기매매증권 (100주 X ₩1,000+₩10,000)	110,000	(대) 현 금	110,000
8월 8일	(차) 현 금 (50주 X ₩1,200-₩2,000)	58,000	(대) 단기매매증권 (50주X₩1,100)	55,000
			단기매매증권 처 분 이 익 (50주 X ₩1,200-₩55,000-₩2,000)	3,000
12월 31일	(차) 단기매매증권	20,000	(대) 단기매매증권 평 가 이 익	20,000
(12월 31일	(차) 단기매매증권 평 가 손 실	5,000	(대) 단기매매증권	5,000)

2. 매도가능증권

단기매매증권이나 만기보유증권으로 분류되지 아니하는 유가증권(주식과 채권)은 투자자산의 매도가능증권으로 분류한다. 다만, 대차대조표일로부터 1년 이내에 만기가 도래하거나 또는 매도 등에 의하여 처분할 것이 거의 확실한 매도가능증권은 유동자산으로 분류한다.

매도가능증권은 공정가액으로 평가한다. 다만, 매도가능증권 중 시장성이 없는 지분증권의 공정가액을 신뢰성 있게 측정할 수 없는 경우에는 취득원가로 평가한다.

매도가능증권(유동자산으로 분류된 매도가능증권도 포함)에 대한 미실현보유손익은 자본항목(예: 매도가능증권평가손익)으로 처리한다.

예제 6-2 다음 거래를 분개하시오.

5월 5일 A사 주식 100주를 @5,000 (액면가 ₩10,000)에 매입하고, 대금은 수표를 발행하여 지급하다. 매입수수료 ₩4,000은 현금으로 지급하다.

5월 15일 A사 주식 50주를 @6,000에 처분하고, 수수료 ₩10,000을 차감한 잔액을 현금으로 받다.

풀이

① 적극적인 단기매매 목적으로 취득한 경우

5월 5일	(차) 단기매매증권	504,000	(대)	당 좌 예 금	500,000
				현 금	4,000
5월 15일	(차) 현 금	290,000	(대)	단기매매증권	252,000
				단기매매증권 처 분 이 익	38,000

☞ ₩504,000 * 100주 × 50주 = ₩252,000

☞ ₩290,000 − ₩252,000 = ₩38,000

② 적극적인 단기매매 목적으로 취득하지 않은 경우

5월 5일	(차) 매도가능증권	504,000	(대)	당 좌 예 금	500,000
				현 금	4,000
5월 15일	(차) 현 금	290,000	(대)	매도가능증권	252,000
				매도가능증권 처 분 이 익	38,000

3. 만기보유증권

만기가 확정된 채무증권(채권)으로서 상환금액이 확정되었거나 확정이 가능한 채무증권을 만기까지 보유할 적극적인 의도와 능력이 있는 경우에는 투자자산의 만기보유증권으로 분류한다. 지분증권은 만기보유증권에 해당하지 않는다. 다만, 대차대조표일로부터 1년 이내에 만기가 도래하는 만기보유증권은 유동자산으로 분류한다.

note

매도가능증권과 만기보유증권을 투자자산으로 분류하는 경우에는 장기투자증권 등의 과목으로 통합하여 표시할 수 있고, 유동자산으로 분류하는 경우에는 단기투자자산 등의 과목으로 통합하여 대차대조표에 표시할 수 있다.

제 7 장

수취채권과 지급채무

제 7 장 수취채권과 지급채무

제1절 의의와 분류

수취채권이란 기업이 재화나 용역을 외상으로 판매하고 그 대가로 미래에 현금을 수취할 권리를 획득하는 경우 또는 타기업에 현금을 대여하여 주고 차후에 수령하기로 한 채권을 통칭하는 개념으로, 일반적 상거래(상품매매)에서의 발생유무에 따라 매출채권과 기타의 채권으로 분류한다.

매출채권은 기업의 주된 영업활동과 관련하여 상품을 매출하거나 용역을 제공하는 과정, 즉 일반적 상거래에서 발생한 채권을 말하며 외상매출금과 받을어음으로 구분된다. 실무상으로는 외상매출금계정과 받을어음계정을 총계정원장에 별도로 구분하여 외상거래와 어음거래를 각각의 계정에 기록하고 있으나, 대차대조표에 공시할 때에는 "매출채권"이라는 단일 계정과목으로 외상매출금계정과 받을어음계정의 금액을 합산하여 표시하여야 한다.

매출채권 = 외상매출금 + 받을어음

매출채권 중 대차대조표일로부터 만기가 1년 이내에 도래하는 것은 유동자산의 당좌자산으로 분류하고, 1년 이후에 도래하는 것은 장기매출채권이라는 계정과목으로 하여 비유동자산의 기타비유동자산으로 분류한다.

기타의 채권은 기업의 주된 영업활동과 관련없는, 즉 매출 이외의 거래에서 발생한 채권으로서 외부와의 거래에서 기인한 대여금, 선급금, 미수금 등과 내부적으로 계상한 미수수익, 선급비용 등이 있다.

지급채무란 기업이 영업활동을 수행하는 과정에서 재화나 용역을 외상으로 매입하거나 타기업으로부터 자금을 차입한 경우에 발생하는 채무를 통칭하는 개념으로, 일반적 상거래(상품매매)에서의 발생유무에 따라 매입채무와 기타의 채무로 분류한다.

매입채무는 기업의 주된 영업활동과 관련하여 상품을 매입하거나 용역을 제공받는 과정, 즉 일반적 상거래에서 발생한 채무을 말하며 외상매입금과 지급어음으로 구분된다. 실무상으로는 외상매입금계정과 지급어음계정을 총계정원장에 별도로 구분하여 외상거래와 어음거래를 각각의 계정에 기록하고 있으나, 대차대조표에 공시할 때에는 “매입채무”라는 단일 계정과목으로 외상매입금계정과 지급어음계정의 금액을 합산하여 표시하여야 한다.

매입채무 = 외상매입금 + 지급어음

매입채무 중 대차대조표일로부터 만기가 1년 이내에 도래하는 것은 유동부채로 분류하고, 1년 이후에 도래하는 것은 장기매입채무라는 계정과목으로 하여 비유동부채로 분류한다.

기타의 채무는 기업의 주된 영업활동과 관련없는, 즉 매입 이외의 거래에서 발생한 채무로서 외부와의 거래에서 기인한 차입금, 선수금, 미지급금 등과 내부적으로 계상한 선수수익, 미지급비용 등이 있다.

제2절 매출채권과 매입채무

1. 외상매출금과 외상매입금

외상매출금은 일반적 상거래에서 발생한 채권으로서 어음상의 채권이 아닌 것을 말한다. 상품을 외상으로 매출함으로써 매출채권이 발생하면 이를 외상매출금계정 차변에 기록하고, 대금 회수시에는 대변에 기록한다. 따라서 외상매출금계정의 잔액은 차변에 나타나며 이는 외상매출금의 미회수액을 의미한다.

외상매입금은 일반적 상거래에서 발생한 채무로서 어음상의 채무가 아닌 것을 말한다. 상품을 외상으로 매입함으로써 매입채무가 발생하면 이를 외상매입금계정 대변에 기록하고, 대금 회수시에는 차변에 기록한다. 따라서 외상매입금계정의 잔액은 대변에 나타나며 이는 외상매입금의 미지급액을 의미한다.

예제 7-1 다음 거래를 분개하시오.

1월 3일 상품 ₩1,000,000을 A사에 외상으로 판매하다.
2월 3일 B사로부터 상품 ₩300,000를 외상으로 구입하다.

3월 3일 A사에 대한 외상판매대금 중 ₩500,000을 현금으로 회수하다.
4월 3일 B사에 대한 외상매입대금을 현금으로 지급하다.

풀이

1월 3일	(차) 외상매출금	1,000,000	(대) 상 품	1,000,000
2월 3일	(차) 상 품	300,000	(대) 외상매입금	300,000
3월 3일	(차) 현 금	500,000	(대) 외상매출금	500,000
4월 3일	(차) 외상매입금	300,000	(대) 현 금	300,000

2. 받을어음과 지급어음

받을어음은 일반적 상거래에서 발생한 어음상의 채권을 말한다. 어음이란 일정 금액을 약정한 기일에 미리 정한 장소에서 지급하기로 약속한 증서를 말한다. 상법상 어음의 종류에는 약속어음과 환어음의 두 가지가 있는데, 기업실무에서는 대부분 약속어음을 사용하며 환어음은 무역거래 등 제한적인 용도로만 사용한다.

약속어음이란 발행인이 수취인에게 일정한 금액을 일정한 기일과 장소에서 지급할 것을 약속하는 증권으로서, 발행인은 어음상의 채무가 생기고 수취인은 어음상의 채권이 생기므로 이 때 발행인을 어음상 채무자라 하고 수취인을 어음상 채권자라고 한다.

상품을 판매하고 판매대금으로 약속어음을 수취한 경우에는 받을어음계정 차변에 기록하고 이를 현금으로 회수하면 대변에 기록한다. 따라서 받을어음계정은 자산계정으로서 잔액은 언제나 차변에 표시되어 현재의 어음상의 채권 미수액을 나타낸다. 그리고 상품을 매입하고 매입대금으로 약속어음을 발행한 경우에는 지급어음계정 대변에 기록하고 이를 현금으로 회수하면 차변에 기록한다. 따라서 지급어음계정은 부채계정으로서 잔액은 항상 대변에 표시되어 현재의 어음금액의 미지급액을 나타낸다.

예제 7-2 다음 거래를 분개하시오.

5월 5일 S사에 상품 ₩200,000을 판매하고 대금은 S사 발행(만기일 6월 5일, 지급장소: 그린은행 XX지점) 약속어음을 받다.
5월 8일 M사로부터 상품 ₩100,000을 매입하고 대금은 약속어음(만기일 6월 9일, 지급장소: 그린은행 XX지점)을 발행하여 지급하다.

6월 5일 S사에 대한 받을어음의 만기가 도래하여 당좌예입하다.

6월 9일 M사에 발행한 약속어음의 만기가 도래하여 당좌예금에서 차감하다.

풀이

5월 5일	(차) 받을어음	200,000	(대) 상 품	200,000
5월 8일	(차) 상 품	100,000	(대) 지급어음	100,000
6월 5일	(차) 당좌예금	200,000	(대) 받을어음	200,000
6월 9일	(차) 지급어음	100,000	(대) 당좌예금	100,000

note

어음은 발행목적에 따라 상업어음과 금융어음으로 구분된다. 상업어음이란 일반적 상거래와 관련하여 발행되는 어음으로 진성어음이라고도 하며, 금융어음이란 자금조달 및 융통을 위하여 발행되는 어음으로서 융통어음이라고도 한다. 상업어음의 채권과 채무는 받을어음계정의 차변과 지급어음계정의 대변에 각각 기입하나, 금융어음의 채권과 채무는 대여금계정의 차변과 차입금계정의 대변에 각각 기입한다.

그리고 상품 이외의 자산(토지나 건물 등)을 어음을 발행하고 구입하는 경우에는 미지급금계정의 대변에, 어음을 받고 처분하는 경우에는 미수금계정의 차변에 기입한다.

상업어음과 금융어음은 성격이 다르기 때문에 구분하여 회계처리한다. 즉, 어음상의 채권, 채무라 할지라도 상거래에서 발생한 어음상의 채권, 채무만이 받을어음과 지급어음이라는 계정과목을 사용할 수 있음에 주의하여야 한다.

어음거래의 계정분류

* 일반적 상거래에서 발생한 어음 : 받을어음계정, 지급어음계정
* 자금융통거래에서 발생한 어음 : 대여금계정, 차입금계정
* 기타 거래에서 발생한 어음 : 미수금계정, 미지급금계정

예제 7-3 다음 거래를 분개하시오.

5월 5일 S사에 상품 ₩200,000을 판매하고 대금은 S사 발행(만기일 6월 5일, 지급장소 : 그린은행 XX지점) 약속어음을 받다.

5월 8일 M사로부터 상품 ₩100,000을 매입하고 대금은 약속어음(만기일 6월 9일, 지급장소: 그린은행 XX지점)을 발행하여 지급하다.

7월 1일 Q사에 현금 ₩1,000,000을 대여하고 동사발행 약속어음(만기일 10월 1일)을 받다.

8월 1일 H사에서 현금 ₩2,000,000을 차입하고 동액의 약속어음(만기일 10월 1일)을 발행하다.

8월 4일 업무용 차량 1대를 구입하고 구입대금 ₩5,000,000을 약속어음(만기일 9월 4일)을 발행하여 지급하다.

9월 4일 건물을 ₩3,000,000에 처분하고 대금은 약속어음(만기일 12월 5일)으로 받다.

풀이

5월 5일	(차) 받을어음	200,000	(대) 상 품	200,000
5월 8일	(차) 상 품	100,000	(대) 지급어음	100,000
7월 1일	(차) 단기대여금	1,000,000	(대) 현 금	1,000,000
8월 1일	(차) 현 금	2,000,000	(대) 단기차입금	2.000,000
8월 4일	(차) 차량운반구	5,000,000	(대) 미지급금	5,000,000
9월 4일	(차) 미 수 금	3,000,000	(대) 건 물	3,000,000

제3절 기타의 채권 · 채무

1. 미수금과 미지급금

미수금은 일반적 상거래 이외에서 발생한 미수채권으로서 만기가 대차대조표일로부터 1년 이내에 도래하는 것은 유동자산의 당좌자산으로, 1년 이후에 도래하는 경우에는 장기미수금이라는 계정과목으로 비유동자산의 기타비유동자산으로 분류한다.

미지급금은 일반적 상거래 이외에서 발생한 미지급채무로서 만기가 대차대조표일로부터 1년 이내에 도래하는 것은 유동부채로, 1년 이후에 도래하는 경우에는 장기미지급금이라는 계정과목으로 비유동부채로 분류한다.

예제 7-4 다음 거래를 분개하시오.

12월 1일 사용중인 업무용 컴퓨터 1대 ₩500,000을 동 금액에 매각하고 대금은 월말에 받기로 하다.

12월 2일 건물을 ₩10,000,000에 구입하고 대금은 2년 후 만기인 약속어음을 발행하다.

12월 31일 컴퓨터 매각대금 ₩500,000을 당좌수표로 받다.

풀이

12월 1일	(차) 미 수 금	500,000	(대) 비 품	500,000
12월 2일	(차) 건 물	10,000,000	(대) 장기미지급금	10,000,000
12월 31일	(차) 현 금	500,000	(대) 미 수 금	500,000

2. 대여금과 차입금

대여금은 차용증서나 어음 등을 받고 현금을 대여하는 경우 발생하는 채권으로서 만기(대여기간)가 대차대조표일로부터 1년 이내인 경우에는 단기대여금(유동자산의 당좌자산), 1년 이후인 경우에는 장기대여금(비유동자산의 투자자산)으로 분류한다.

차입금은 차용증서나 어음 등을 지급하고 현금을 차용하는 경우 발생하는 채무로서 만기(차입기간)가 대차대조표일로부터 1년 이내인 경우에는 단기차입금(유동부채), 1년 이후인 경우에는 장기차입금(비유동부채)으로 분류한다.

예제 7-5 다음 거래를 분개하시오.

8월 1일 S사에 현금 ₩200,000을 대여하고 일주일 후에 받기로 하다.

8월 8일 S사로부터 대여금과 이자 ₩5,000을 현금으로 받다.

8월 9일 H사에서 현금 ₩1,000,000을 차입하고 약속어음(만기일 9월 9일)을 발행하다.

9월 9일 H사에 대한 약속어음 ₩1,000,000이 만기도래하여 당좌예금에서 차감하고 이자 ₩30,000은 현금으로 지급하다.

풀이

8월 1일	(차) 단기대여금	200,000	(대) 현 금	200,000
8월 8일	(차) 현 금	205,000	(대) 단기대여금	200,000
			이 자 수 익	5,000
8월 9일	(차) 현 금	1,000,000	(대) 단기차입금	1,000,000
9월 9일	(차) 단기차입금	1,000,000	(대) 당좌예금	1,000,000
	이 자 비 용	30,000	현 금	30,000

3. 선급금과 선수금

선급금은 상품 등을 매입하기로 계약하고 대금의 일부 또는 전부를 미리 지급하는 경우에 발생하는 채권이다. 선급금은 상품을 공급받을 권리를 나타내는 자산계정이며, 나중에 상품을 공급받는 시점에서 매입대금과 상계한다. 선급금을 지급하였을 경우에는 선급금계정의 차변에 기입하고, 상품을 인수하면 대변에 기입하며 잔액은 차변에 나타난다.

선급금의 만기가 대차대조표일로부터 1년 이내인 경우에는 유동자산의 당좌자산으로 분류하고, 만기가 1년 이후에 도래하면 장기선급금이라는 계정과목으로 비유동자산의 기타비유동자산으로 분류한다.

선수금은 상품을 판매하기로 계약하고 대금의 일부 또는 전부를 미리 수취하는 경우에 발생하는 채무이다. 선수금은 상품을 공급해야 할 의무를 나타내는 부채계정이며, 나중에 상품을 공급하는 시점에서 판매대금과 상계한다. 선수금을 수취하였을 경우에는 선수금계정의 대변에 기입하고, 상품을 인도하면 차변에 기입하며 잔액은 대변에 나타난다.

선수금의 만기가 대차대조표일로부터 1년 이내인 경우에는 유동부채로 분류하고, 만기가 1년 이후에 도래하면 장기선수금이라는 계정과목으로 비유동부채로 분류한다.

예제 7-6 다음 거래를 분개하시오.

5월 1일 K사에서 상품 ₩300,000을 매입하기로 하고, 그 대금 중 ₩60,000을 현금으로 지급하다.
5월 5일 위의 상품을 인수하고 잔액은 10일 후에 지급하기로 하다.
5월 8일 L사로부터 상품 ₩350,000의 주문을 받고, 대금의 일부 ₩70,000을 동점발행 당좌수표로 받다.
5월 9일 위의 상품을 인도하고 잔액을 현금으로 받다.

풀이

일자	차변	금액	대변	금액
5월 1일	(차) 선 급 금	60,000	(대) 현 금	60,000
5월 5일	(차) 상 품	300,000	(대) 선 급 금	60,000
			외상매입금	240,000
5월 8일	(차) 현 금	70,000	(대) 선 수 금	70,000
5월 9일	(차) 선 수 금	70,000	(대) 상 품	350,000
	현 금	280,000		

4. 가지급금과 가수금

가지급금과 가수금은 현금을 실제로 주고 받았으나 거래가 완결되지 않았거나, 용도가 불분명하여 이들을 처리할 계정과목이나 금액이 확정되지 않은 경우에 임시로 설정되는 계정이다. 금액이나 용도가 불분명한 현금의 지출은 자산계정인 가지급금계정에서 처리하며, 현금의 수입은 부채계정인 가수금계정에서 임시로 처리한다.

가지급금과 가수금은 임시로 사용하는 계정과목이므로 대차대조표에는 나타낼 수 없으며 그 내역을 밝혀 확정된 계정과목으로 표시하여야 한다.

예제 7-7 다음 거래를 분개하시오.

3월 1일 종업원 출장경비를 대략 계산하여 현금 ₩60,000을 지급하다.
3월 3일 출장중인 종업원으로부터 내용불명의 현금 ₩200,000이 입금되다.
3월 4일 귀사한 종업원의 여비를 정산한 결과 ₩20,000이 부족하여 현금으로 지급하다. 또한 출장 중에 입금된 금액은 외상매출금의 회수액임을 보고 받다.

풀이

3월 1일	(차) 가 지 급 금	60,000	(대) 현 금	60,000
3월 3일	(차) 현 금	200,000	(대) 가 수 금	200,000
3월 4일	(차) 여비교통비	80,000	(대) 현 금	20,000
			가 지 급 금	60,000
	(차) 가 수 금	200,000	(대) 외상매출금	200,000

5. 예 수 금

예수금은 궁극적으로 제3자에게 지급하여야 할 금액을 기업이 거래처나 종업원으로부터 미리 받아 일시적으로 보관하는 경우에 사용되는 유동부채계정이다. 상품을 판매할 때 고객으로부터 일시적으로 수취하여 보관하였다가 해당 기관에 납부하는 부가가치세와 종업원에게 급여를 지급할 때 원천징수 하였다가 납부하는 근로소득세 등을 그 예로 들 수 있다. 예수금은 현금수취시 대변에 기입하고 현금지급시 감소시키며 잔액은 대변에 나타난다.

예제 7-8 다음 거래를 분개하시오.

5월 18일 5월분 종업원 급여 ₩2,000,000 중에서 근로소득세 ₩100,000, 국민연금 ₩90,000, 고용보험료 ₩10,000을 공제하고 잔액은 현금으로 지급하다.

6월 10일 관계기관에 위의 금액을 납부하다.

풀이

5월 18일	(차) 급 여	2,000,000	(대) 현 금	1,800,000
			예 수 금	200,000
6월 10일	(차) 예 수 금	200,000	(대) 현 금	200,000

제4절 대손회계

1. 대손의 의의

외상매출금이나 받을어음, 대여금, 미수금 등의 수취채권은 일정한 기간 내에 현금으로 회수되어야 한다. 그러나 현실적으로는 채무자의 부도, 폐업, 재해, 사망, 실종 등의 여러 가지 이유로 그 전부 또는 일부를 회수할 수 없는 경우가 일어날 수 있다. 이와 같이 기업이 보유하고 있는 수취채권 중 회수가 불가능하게 된 경우에 발생하는 손실(회수불능채권)을 대손(bad debts)이라고 한다. 만약 기말 현재 채권잔액 중 대손이 발생하면 채권의 실제가치는 대손을 차감한 금액이 될 것이기 때문에 결산시에 차기에 발생할 대손액을 예상하여 예상되는 대손액만큼 채권금액을 감액시키고 그 금액만큼을 당기비용으로 처리하게 되는데 이때의 비용계정으로는 대손상각비(판매비와관리비로 보고함)라는 계정이 사용된다. 대손상각비계정은 외상매출금이나 받을어음과 같은 매출채권이 대손되었을 때 사용되는 계정이며, 대여금이나 미수금 등의 기타 수취채권이 대손되었을 때는 기타의대손상각비(영업외비용으로 보고함)라는 계정을 사용한다. 예를 들어, 결산일 현재 매출채권 잔액 ₩1,000,000 중 ₩50,000이 회수불확실한 것으로 예상된다면 대손상각비 ₩50,000을 비용으로 처리하고 매출채권을 회수가능액인 ₩950,000으로 표시하여야 한다.

2. 대손에 대한 회계처리

대손에 관한 회계처리방법에는 직접상각법과 충당금설정법이 있다.

① 직접상각법

직접상각법은 수취채권을 회수가 실제로 불가능한 시점에 대손을 인식하여 그 금액을 대손상각비(당기비용)로 처리함과 동시에 해당 수취채권을 직접 차감하는 방법이다. 직접상각법은 대손으로 인한 비용을 기록하기가 편리하고 그 금액을 판단하기가 용이하다는 장점은 있으나, 기간의 수익과 비용을 적절하게 대응시키지 못하는 결점이 있는 방법이다.

(차)	대손상각비	xxx	(대)	매출채권	xxx
	(기타의대손상각비 xxx)			(기타의 수취채권 xxx)	

② 충당금설정법

충당금설정법은 기말 현재 수취채권 잔액으로부터 대손예상액을 추정하여 대손충당금을 설정하고 이를 같은 회계기간의 비용으로 인식하는 방법이다. 즉, 충당금설정법은 수취채권이 발생한 기간에 해당 수취채권으로부터 발생할 것으로 예상되는 대손액을 추정하여 당해 기간의 비용으로 처리함과 동시에 수취채권계정에 대한 대손충당금계정을 설정하는 방법이다. 대손충당금계정은 수취채권의 회수가능액을 나타내기 위하여 수취채권을 차감하는 평가계정이다. 대손충당금계정을 사용하는 이유는 아직은 대손이 확정된 것이 아니고 단지 발생할 것이라고 추정될 뿐이므로 해당 수취채권에서 직접 차감하지는 않고 이를 일단 수취채권의 평가계정인 대손충당금계정을 사용하는 것이다.

충당금설정법은 수취채권으로 인한 수익과 해당 채권으로 인한 대손비용을 동일 연도의 손익계산서에 반영함으로써 수익과 비용의 대응을 이루는 장점이 있다. 기업회계기준에서는 회수가 불확실한 채권은 합리적이고 객관적인 기준에 따라 산출한 대손추산액을 대손충당금으로 설정한다고 하여 충당금설정법으로 회계처리 하도록 규정하고 있다.

(차) 대손상각비	xxx	(대) 대손충당금	xxx
(기타의대손상각비 xxx)			

3. 대손의 추정방법

대손을 추정하는 방법에는 채권잔액비율법과 연령분석법이 있는데, 기업회계기준에서는 이 두 가지 방법을 모두 인정하고 있다.

① 채권잔액비율법

채권잔액비율법은 과거의 수취채권에 대한 실제대손발생액의 비율, 즉 대손경험율을 산출하고 이를 기말의 수취채권잔액에 곱하여 대손예상액을 추정하는 방법이다.

예제 7-9 다음 거래를 분개하시오.

(주)C&C는 과거의 경험상 외상매출금의 대손율은 2%이었다. 2008년도 (주)C&C의 기말 외상매출금잔액이 ₩500,000이라고 할 때, 대손과 관련한 분개를 하시오.

풀이

12월 31일	(차) 대손상각비	10,000	(대) 대손충당금	10,000

* ₩500,000 X 2% = ₩10,000

② 연령분석법

연령분석법은 모든 수취채권에 대하여 동일한 대손가능비율을 적용하는 것이 아니라, 기말채권잔액을 채권이 발생한 경과일수에 따라 몇 개의 집단으로 분류하고 각 집단별로 서로 다른 대손율을 적용하여 대손예상액을 산출하는 방법이다. 이는 오래된 채권일수록 회수가능성이 낮아지기 때문에 채권경과일수의 기간에 따라 상이한 대손율을 적용하는 방법이다.

예제 7-10 다음 거래를 분개하시오.

주(C&C)의 2008년 12월 31일 현재의 외상매출금잔액은 ₩350,000인데 이를 경과일수에 따라 분석한 자료는 다음과 같다. 연령분석법에 의한 대손예상액을 추정하고 분개하시오.

	외상매출금액	대손추정률
10일 이내	₩180,000	1%
11 ~ 30일 이내	₩100,000	2%
31 ~ 60일 이내	₩50,000	5%
61 ~ 120일 이내	₩15,000	10%
121일 이상	₩5,000	20%

풀이

* 대손예상액 = ₩180,000 X 1% + ₩100,000 X 2% + ₩50,000 X 5% + ₩15,000 X 10% + ₩5,000 X 20% = ₩8,800

* 분개

12월 31일 (차) 대손상각비 8,800 (대) 대손충당금 8,800

결산기말에 대손충당금을 설정하고자 할 때 수정전시산표상에 전기말에 설정된 대손충당금의 잔액이 남아 있다면, 그 잔액을 차감한 금액(부족분)만을 당기의 대손상각비로 처리하여 추가로 설정하고, 반대로 대손충당금의 잔액이 설정하고자 하는 금액(대손예상액)보다도 많은 경우에는 그 초과액을 대손충당금환입이라는 계정과목으로 하여 환입한다. 대손충당금환입은 손익계산서에 영업외수익으로 보고한다.

* 기말대손충당금 추정액 〉 수정전시산표상 대손충당금잔액

(차) 대손상각비 xxx (대) 대손충당금 xxx

* 기말대손충당금 추정액 〈 수정전시산표상 대손충당금잔액

(차) 대손충당금 xxx (대) 대손충당금환입 xxx

예제 7-11 다음 거래를 분개하시오.

주(C&C)의 2008년 12월 31일 현재의 외상매출금잔액 ₩200,000에 대하여 2%를 대손으로 추정한다. 수정전시산표상 대손충당금잔액이 다음과 같을 때 대손예상액을 추정하고 분개하시오.

(1) 대손충당금잔액이 없는 경우
(2) 대손충당금잔액이 ₩4,000 있는 경우
(3) 대손충당금잔액이 ₩2,000 있는 경우
(4) 대손충당금잔액이 ₩5,000 있는 경우

풀이

(1) 12월 31일 (차) 대손상각비 4,000 (대) 대손충당금 4,000
(2) 분개없음
(3) 12월 31일 (차) 대손상각비 2,000 (대) 대손충당금 2,000
* ₩200,000 X 2% − ₩2,000 = ₩2,000
(4) 12월 31일 (차) 대손충당금 1,000 (대) 대손충당금환입 1,000
* ₩5,000 − ₩200,000 X 2% = ₩1,000

예제 7-12 다음 거래를 분개하시오.

주(C&C)의 2008년 12월 31일 현재의 외상매출금잔액은 ₩350,000인데 이를 경과일수에 따라 분석한 자료는 다음과 같다. 대손충당금잔액이 ₩3,800일 때 대손예상액을 추정하고 분개하시오.

	외상매출금액	대손추정률
10일 이내	₩180,000	1%
11 ~ 30일 이내	₩100,000	2%
31 ~ 60일 이내	₩50,000	5%
61 ~ 120일 이내	₩15,000	10%
121일 이상	₩5,000	20%

풀이

* 대손예상액 = ₩180,000 X 1% + ₩100,000 X 2% + ₩50,000 X 5% + ₩15,000 X 10% + ₩5,000 X 20% − ₩3,800 = ₩5,000

* 분개
12월 31일 (차) 대손상각비 5,000 (대) 대손충당금 5,000

4. 대손의 발생

특정한 수취채권의 회수가 실제로 불가능하게 된 경우를 대손이 발생(또는 확정)되었다고 한다. 대손이 발생한 경우에는 당기에 발생한 채권이든 당기 이전에 발생한 채권이든 상관없이 수취채권과 대손충당금을 상계시킨다.

(차) 대손충당금 xxx (대) 해당수취채권 xxx

그러나 만약 대손충당금잔액이 대손된 수취채권잔액보다 작은 경우에는 그 초과액만큼을 대손상각비계정으로 처리하여 당기비용으로 처리한다.

(차) 대손충당금	xxx	(대) 해당수취채권	xxx
대손상각비	xxx (초과금액)		

예제 7-13 다음 거래를 분개하시오.

4월 14일 장군상사에 대한 외상매출금 ₩300,000이 대손발생하였다. 현재 대손충당금계정에는 ₩450,000의 잔액이 남아 있다.

5월 22일 멍군상사의 도산으로 외상매출금 ₩200,000의 회수가 불가능하게 되었다.

풀이

4월 14일	(차) 대손충당금	300,000	(대) 외상매출금	300,000
5월 22일	(차) 대손충당금	150,000	(대) 외상매출금	200,000
	대손상각비	50,000		

* 4월 14일의 거래로 대손충당금계정의 잔액이 ₩150,000이 되었는데 5월 22일에 또 다시 ₩200,000의 대손이 발생하였기 때문에 대손충당금의 현재잔액을 초과하는 ₩50,000은 대손상각비로 처리한다.

5. 상각채권의 회수

실제로 대손이 발생하여 이에 대한 회계처리를 하였는데 후일에 다시 회수되는 경우가 있다. 이러한 경우 당기에 대손이 확정되어 대손처리 하였는데 그것을 당기에 다시 회수한 경우와 당기 이전에 대손이 확정되어 대손처리 하였는데 그것을 당기에 다시 회수하였는지에 따라 회계처리가 달라진다.

① 당기 대손처리한 채권의 회수

당기에 대손으로 처리했던 채권이 당기에 회수되면 이전의 대손충당금 감소분개가 결과적으로 오류였다는 것을 의미한다. 따라서 이제 대손충당금을 증가시키는 회계처리가 필요하며 또한 회수액을 현금계정 차변에 기록하는 회계처리가 필요하다. 그리고 만일 대손으로 회계처리시 대손충당금계정 잔액이 부족하여 일부를 대손상각비계정으로 회계처리하였다면, 대손충당금을 증가시킴과 동시에 대손상각비도 소멸시켜야 한다.

(차) 현　금	xxx	(대)	대손충당금	xxx
			또는 대손상각비	xxx

② 당기 이전 대손처리한 채권의 회수

당기 이전에 대손처리한 채권을 당기에 회수하는 경우에는 회수금액 모두를 대손충당금계정 대변에 기록하여 대손충당금만을 증가시키는 회계처리를 하면 된다. 그 이유는 전기 이전 장부가 마감되어 대손확정시 대손충당금으로만 회계처리하였는지, 아니면 대손충당금잔액이 부족하여 대손상각비로 회계처리 하였는지를 확인할 수 없을 뿐만 아니라 전기말 대손예상 회계처리가 합리적으로 이루어졌다면 소급하여 수정할 필요가 없기 때문이다.

예제 7-14　다음 거래를 분개하시오.

(주)C&C의 기초시점 현재 대손충당금 잔액은 ₩50,000이며, 당기 중 발생한 거래는 다음과 같다.

2월 14일 전기에 발생한 외상매출금 ₩15,000이 회수불능으로 확인되다.
4월 14일 당기에 발생한 외상매출금 ₩47,000이 대손처리되다.
6월 14일 당기 2월 14일 대손처리하였던 외상매출금이 현금으로 회수되었다.
8월 14일 전기에 대손처리하였던 외상매출금 ₩8,000이 현금으로 회수되었다.
12월 31일 결산일 현재 외상매출금 잔액 ₩3,000,000의 2%가 회수불확실한 것으로 추정된다.

풀이

2월 14일	(차) 대손충당금	15,000	(대) 외상매출금	15,000
4월 14일	(차) 대손충당금	35,000	(대) 외상매출금	47,000
	대손상각비	12,000		
6월 14일	(차) 현　금	15,000	(대) 대손충당금	15,000
8월 14일	(차) 현　금	8,000	(대) 대손충당금	8,000
12월 31일	(차) 대손상각비	37,000	(대) 대손충당금	37,000

* ₩3,000,000 X 2% − ₩23,000 = ₩37,000

각 시점 현재 대손충당금 잔액 여부에 따라 회계처리가 달라지므로 대손충당금계정을 항상 검토하여야 한다. 위의 예제에서 대손충당금의 변동은 다음과 같다.

대손충당금

2/14 외상매출금	15,000	1/ 1 전기이월	50,000
4/14 외상매출금	35,000	6/14 현 금	15,000
12/31 차기이월	60,000	8/14 현 금	8,000
		12/31 대손상각비	37,000
	110,000		110,000

당기 2월 14일 상각처리 된 외상매출금 ₩15,000이 당기 6월 14일 회수되었다. 따라서 다음과 같이 회계처리하였다.

6월 14일 (차) 현 금 15,000 (대) 대손충당금 15,000

이 분개는 다음과 같이 당기 확정시의 분개를 취소하는 분개와 외상매출금의 회수분개를 합한 분개이다.

* 대손확정시 분개의 취소분개

6월 14일 (차) 외상매출금 15,000 (대) 대손충당금 15,000

* 외상매출금의 회수분개

6월 14일 (차) 현 금 15,000 (대) 외상매출금 15,000

만약, 대손발생시 대손충당금잔액이 ₩10,000밖에 없었을 경우에는 다음과 같이 회계처리를 하였을 것이다.

2월 14일 (차) 대손충당금 10,000 (대) 외상매출금 15,000
대손상각비 5,000

따라서 당기 6월 14일에 위의 상각처리된 외상매출금이 회수되었다면 다음과 같은 회계처리를 하여야 한다.

6월 14일 (차) 현 금 15,000 (대) 대손충당금 10,000
대손상각비 5,000

이는 다음과 같이 당기 대손확정시의 분개를 취소하는 분개와 외상매출금의 회수분개를 합한 분개이다.

* 대손확정시 분개의 취소분개

6월 14일 (차) 외상매출금 15,000 (대) 대손충당금 10,000
대손상각비 5,000

* 외상매출금의 회수분개

6월 14일 (차) 현 금 15,000 (대) 외상매출금 15,000

6. 대손충당금의 공시

결산일에 대손충당금을 설정하는 근본적인 목적은 대차대조표에 해당 수취채권을 실제 회수가능한 금액으로 표시한다는데 있다. 따라서 차감적 평가계정으로서 대변에 잔액을 가지게 되는 대손충당금계정의 잔액을 대차대조표에 계상할 때에는 해당 수취채권에서 차감하는 형식으로 공시하면 수취채권이 회수가능한 금액으로 표시된다. 대손충당금은 대변잔액이기 때문에 차변에 표시하기 위해서는 차감(−)항목으로 기재해야 하기 때문이다.

<u>대손충당금의 공시</u>

매출채권	xxx	
대손충당금	xxx	xxx
미 수 금	xxx	
대손충당금	xxx	xxx
단기대여금	xxx	
대손충당금	xxx	xxx
미수수익	xxx	
대손충당금	xxx	xxx

예를 들어, 결산기말 현재 매출채권 ₩100,000에 대하여 ₩10,000의 대손이 예상되는 경우의 회계처리와 이를 대차대조표에 표시하면 다음과 같다.

12월 31일 (차) 대손상각비 10,000 (대) 대손충당금 10,000

대차대조표

.		
.		
매 출 채 권	100,000	
(대손충당금	10,000)	

종 합 예 제

다음 거래를 분개하시오.

1월 1일 상품 ₩50,000을 외상으로 판매하다.
2월 2일 상품 ₩30,000을 외상으로 매입하다.
3월 3일 상품 ₩70,000을 외상으로 판매하고, 대금은 약속어음으로 받다.
3월 5일 상품 ₩70,000을 외상으로 매입하고, 대금은 약속어음을 발행하다.
4월 1일 현금 ₩100,000을 대여하고, 약속어음을 받다.
4월 8일 현금 ₩50,000을 차입하고, 약속어음을 발행하여 주다.
5월 5일 건물을 구입하고 대금 ₩2,000,000은 약속어음을 발행하여 주다.
5월 7일 장부가액 ₩500,000인 차량을 ₩550,000에 처분하고 대금은 약속어음을 받다.
5월 9일 상품 ₩50,000을 주문하고 계약금 ₩20,000을 현금으로 지급하다.
6월 1일 상품 ₩50,000을 판매하기로 하고 계약금으로 ₩10,000을 수취하다.
6월 18일 종업원 급여 ₩1,000,000에 대한 근로소득세 ₩50,000과 국민연금, 건강보험료 및 고용보험료 등으로 ₩60,000을 공제하고 잔액은 현금으로 지급하다.
7월 10일 근로소득세 등을 해당 기관에 납부하다. 이 때 국민연금 등에 대한 회사부담분 ₩50,000을 합하여 납부하다.

풀이

일자	차변	금액	대변	금액
1월 1일	(차) 외상매출금	50,000	(대) 상 품	50,000
2월 2일	(차) 상 품	30,000	(대) 외상매입금	30,000
3월 3일	(차) 받을어음	70,000	(대) 상 품	70,000
3월 5일	(차) 상 품	70,000	(대) 지급어음	70,000
4월 1일	(차) 대 여 금	100,000	(대) 현 금	100,000
4월 8일	(차) 현 금	50,000	(대) 차 입 금	50,000
5월 5일	(차) 건 물	2,000,000	(대) 미지급금	2,000,000
5월 7일	(차) 미 수 금	550,000	(대) 차량운반구	500,000
			유형자산처분이익	50,000
5월 9일	(차) 선 급 금	20,000	(대) 현 금	20,000
6월 1일	(차) 현 금	10,000	(대) 선 수 금	10,000
6월 18일	(차) 급 여	1,000,000	(대) 현 금	890,000
			예 수 금	110,000
7월 10일	(차) 예수금	110,000	(대) 현 금	160,000
	복리후생비	50,000		

제 8 장

재고자산

제 8 장 재고자산

제1절 재고자산의 의의

재고자산이란 정상적인 영업활동에서 판매를 위하여 보유(제품, 상품)하거나 생산과정에 있는 자산(재공품, 반제품) 및 생산 또는 서비스 제공과정에 투입될 원재료나 소모품의 형태로 존재하는 자산(원재료, 저장품)을 말한다.

기업이 보유하는 재고자산의 종류는 기업의 특성에 따라 다르다. 상품매매기업의 경우 상품이 주요 재고자산이며, 제조업의 경우에는 제품, 재공품, 원재료 등의 재고자산이 존재한다.

재고자산은 즉시 현금화가 가능한 당좌자산과는 달리, 생산과정이나 판매과정을 거쳐야만 현금화가 가능하다. 따라서 유동자산을 당좌자산과 재고자산으로 구분하는 이유는 재고자산이 당좌자산에 비해 현금화의 정도인 유동성이 떨어지기 때문이다.

한편, 재고자산의 분류는 그 기업의 주요 영업활동이 무엇이냐, 즉 재고자산의 보유목적에 따라 달라진다.

예를 들어, 토지와 건물 등은 일반 업종인 경우에는 사용할 목적으로 보유하므로 유형자산에, 투자목적으로 보유하면 투자자산(투자부동산)에 해당되지만, 부동산매매업인 경우에는 사용할 목적이 아니라 판매할 목적으로 보유하기 때문에 재고자산(상품)에 해당되며, 차량운반구는 일반 업종인 경우에는 사용할 목적으로 보유하므로 유형자산에 해당되지만, 차량판매회사는 차량판매를 주업으로 하기 때문에 재고자산(상품)에 해당된다.

마찬가지로, 주식이나 사채 등은 일반 업종인 경우에는 유가증권에 해당되지만, 증권업인 경우에는 판매를 주업으로 하기 때문에 재고자산(상품)에 해당된다.

제2절 상품매매의 회계처리

기업은 그 주요 영업활동에 따라 용역의 제공을 주요 영업목적으로 하는 용역제공기업(회계법인, 법무법인, 병원, 호텔 등)과 도매상, 소매상과 같이 상품매매를 주요 영업목적으로 하는 상품매매기업(할인점이나 완구점 등의 도소매상) 그리고 원재료를 가공하여 제품을 생산, 판매하는 제조기업 등으로 분류할 수 있으나, 재무회계는 상품매매기업을 중심으로 기업의 주요 영업활동의 회계처리를 설명하고 있으므로 여기서는 상품매매기업의 주요한 재고자산인 상품에 대해서만 살펴보도록 한다.

1. 상품의 의의

상품매매기업의 가장 중요한 영업활동은 상품 등을 구입하고, 매입한 상품을 판매하는 활동이라고 할 수 있다. 상품이란 기업의 주된 영업활동과정에서 판매를 목적으로 구입한 것으로서 미착상품(상품을 주문하였으나 운송중에 있어 아직 도착하지 않은 상품), 위탁품(적송품－위탁판매를 위하여 발송한 상품 중 아직 판매되지 않은 상품), 시송품(주문을 받지 않은 상태에서 상품을 고객에게 인도하여 고객이 시험적으로 그 상품을 사용한 후 매입의사표시를 하면 거래가 성립되는 판매방식을 시용판매라 하고, 이 때 고객에게 인도한 상품을 시송품이라 함) 등을 포함한다.

상품의 판매는 매출액이라는 상품매매기업의 주된 수익의 창출과 함께 매출원가라는 주된 비용의 발생을 수반하게 되는데, 매출액과 매출원가는 상품매매기업에서 중요한 수익과 비용이기 때문에 손익계산서에 다른 수익 및 비용과는 분리되어 보고된다.

2. 상품의 매입과 매출

상품계정은 상품의 매매거래를 기입하는 계정이다. 즉, 상품의 매입과 매출로 인하여 발생하는 상품의 증감변화를 기록하는 계정이다.

상품의 매매거래로 인한 상품의 증감변화를 기록하는 방법에는 상품의 매입과 매출을 모두 상품계정 하나에 기입하는 방법과 여러 개의 계정을 사용하여 기입하는 방법이 있다. 전자를 단일상품계정으로 기장하는 방법이라 하고 후자를 상품계정을 분할하여 기장하는 방법이라 한다.

단일상품계정으로 기장하는 방법을 사용하면 손익계산서에 상품매출이익만 기록할 뿐 상품매출액과 매출원가를 알 수 없게 되며 또한 상품을 판매할 때마다 판매된 상품의 원가를 일일이 확인해야 하는 불편한 점이 있다. 물론, 상품매매의 빈도수가 많지 않은 부동산이나 귀금속 등은 그렇게 할 수도 있으나, 상품의 종류가 많고 매매건수가 빈번한 경우에는 매출할 때마다 상품매출이익을 계산한다면 너무나 번거롭고 필요 이상의 시간과 노력이 소요된다. 따라서 상품의 매출액과 매출원가를 알 수 있도록 기록하고, 상품의 매매손익을 기말 결산시에 일괄해서 처리하기 위해서는 상품계정을 분할하여 기장하는 방법이 가장 바람직한 회계처리 방법이라 할 수 있다.

상품계정을 분할하여 회계처리하기 위해서는 우선 상품계정을 여러 계정으로 분할하여야 하는데 상품계정을 몇 개로 분할하느냐에 따라 2분법, 3분법, 4분법, 5분법, 7분법, 8분법, 9분법 등이 있다. 이 중에서 3분법이 일반적으로 많이 사용되고 있다.

3분법은 상품계정을 상품계정, 매입계정, 매출계정으로 분할하여 상품매매를 기장하는 방법이다. 상품계정(자산계정)은 기초상품재고액(전기에 이월된 상품액)과 기말상품재고액(차기로 이월되는 상품액)을 기입하고, 매입계정(비용계정)에는 당기상품매입액을, 매출계정(수익계정)에는 당기상품매출액을 기입한다. 따라서 상품 매입시에는 매입계정 차변에 기입하며, 상품 매출시에는 매출계정 대변에 기입한다. 매입계정은 결산시 잔액을 매출원가계정으로 대체되어 매출원가라는 비용으로, 매출계정은 결산시 잔액을 손익계산서에 매출액이라는 수익으로 표시한다.

◆ 상품매입시 회계처리 ◆

(차) 매 입 xxx (대) 외상매입금(또는 현금) xxx

상품을 매입하는 경우의 회계처리는 매입계정 차변에, 외상매입금(또는 현금)계정 대변에 기록한다. 따라서 매입계정 차변 합계액은 당기의 상품총매입액을 나타낸다.

◆ 상품매출시 회계처리 ◆

(차) 외상매출금(또는 현금)	xxx	(대) 매	출	xxx

상품을 매출하는 경우의 회계처리는 매출계정 대변에, 외상매출금(또는 현금)계정 차변에 기록한다. 따라서 매출계정 대변 합계액은 당기의 상품총매출액을 나타낸다.

예제 8-1 다음 거래를 분개하시오.

1월 2일 상품 100개를 @₩100에 현금으로 매입하다.
2월 3일 상품 100개를 @₩120에 판매하고, 대금은 외상으로 하다.
3월 3일 상품 100개를 @₩110에 매입하고, 대금은 외상으로 하다.
4월 4일 상품 100개를 @₩150에 판매하고, 대금은 수표를 받아 당좌예입하다.

풀이

1월 2일	(차) 매　입	10,000	(대) 현　금	10,000
2월 2일	(차) 외상매출금	12,000	(대) 매　출	12,000
3월 3일	(차) 매　입	11,000	(대) 외상매입금	11,000
4월 4일	(차) 당좌예금	15,000	(대) 매　출	15,000

3. 매입 · 매출계정의 수정

(1) 부대비용

① 매입부대비용

상품 매입시 발생하는 비용을 매입부대비용이라고 한다. 운반비, 매입수수료, 하역비 등을 그 예로 들 수 있다. 상품 매입시 발생하는 매입부대비용은 상품의 취득원가로 처리한다. 따라서 상품의 취득원가에는 상품의 매입가액뿐만 아니라 매입부대비용까지 포함한다. 즉, 상품의 취득원가는 상품이 판매가능한 상태에 이르기까지 소요된 모든 지출액을 포함한다. 매입부대비용은 수익에 대응시켜 인식하여야 하는데 매입시점에서는 아직 수익이 발생하지 않았으므로 비용 대신 자산으로 처리하는 것이다.

예제 8-2 다음 거래를 분개하시오.

5월 5일 상품 ₩1,000,000을 외상으로 매입하고, 운반비 ₩5,000은 현금으로 지급하다.

풀이

5월 5일	(차) 매 입	1,005,000	(대)	외상매입금	1,000,000
				현 금	5,000

② 매출부대비용

상품을 판매하는 과정에서 발생하는 비용을 매출부대비용이라고 한다. 매출부대비용을 판매자가 부담하는 경우 상품판매와 관련하여 지출한 금액은 판매시점에 비용으로 인식한다. 판매자는 판매시점에 매출을 인식하였으므로 그 수익에 대응하는 매출부대비용을 당기비용으로 인식하는 것이다.

예제 8-3 다음 거래를 분개하시오.

6월 5일 상품 ₩500,000을 외상으로 매출하고, 운반비 ₩5,000은 현금으로 지급하다.

풀이

6월 5일	(차) 외상매출금	500,000	(대)	매 출	500,000
	운 반 비	5,000		현 금	5,000

(2) 매입에누리, 매입환출 및 매입할인

구입한 상품에 파손이나 결함 등 하자가 있어 판매자가 값을 깍아주는 것을 매입에누리라고 하며, 구입한 상품에 파손이나 결함 등 하자가 있어 구입한 상품을 반환하는 것을 매입환출이라고 한다. 그리고 상품을 외상으로 매입한 경우 상품의 구입대금을 약정된 기일 전에 조기에 지급함으로써 판매자가 대금의 일부를 깍아주는 것을 매입할인이라고 한다. 매입할인은 상품판매시점의 거래조건에 표시하며 2/10, n/30으로 나타낸다. 이는 상품대금의 지급기한은 구입시점 이후 30일이며, 만약 10일 이내에 대금을 현금으로 지급하면 총금액의 2%를 할인하여 준다는 것을 의미한다.

매입에누리와 매입환출 및 매입할인이 발생하면 매입액이 감소된 것이므로 매입계정의 대변에 기입하여 직접 차감할 수도 있으며, 매입에누리와 매입환출계정이나 매입할인계정을 설정하여 처리할 수도 있다. 그러나 이 경우 결산시 손익계산서의 당기상품매입액은 당기상품총매입액에서 매입에누리와 매입환출 및 매입할인을 차감한 당기상품순매입액을 표시하여야 한다.

(차)	외상매입금	xxx	(대) 매　　입	xxx
			(또는 매입에누리와 환출)	
(차)	외상매입금	xxx	(대) 현　　금	xxx
			매　　입	xxx
			(또는 매입할인)	

예제 8-4 다음 거래를 분개하시오.

3월 3일 상품 100개를 @₩100에 외상으로 매입하다.
3월 4일 상품 10개가 하자가 있어 판매자가 ₩500을 깍아 주었다.
3월 7일 상품 10개가 하자가 있어 반품하였다.
3월 9일 상품대금 ₩5,000을 조기 지급하여 판매자가 ₩100을 깍아 주었다.

풀이

3월 3일	(차) 매　　입	10,000	(대) 외상매입금	10,000
3월 4일	(차) 외상매입금	500	(대) 매 입(또는 매입에누리와 환출)	500
3월 7일	(차) 외상매입금	1,000	(대) 매 입(또는 매입에누리와 환출)	1,000
3월 9일	(차) 외상매입금	5,000	(대) 현 금	4,900
			매 입(또는 매입할인)	100

(3) 매출에누리, 매출환입 및 매출할인

판매된 상품에 파손이나 결함 등 하자가 있어 값을 깍아 주는 것을 매출에누리라고 하며, 판매된 상품에 파손이나 결함 등 하자가 있어 상품이 반환되는 것을 매출환입이라고 한다. 그리고 상품을 외상으로 판매한 경우 상품의 구매자가 판매대금을 조기에 지급하는 경우에 판매대금의 일부를 깍아 주는 것을 매출할인이라고 한다.

매출에누리와 매출환입 및 매출할인이 발생하면 매출액(수익)이 감소된 것이므로 매출계정의 차변에 기입하여 직접 차감할 수도 있으며, 매출에누리와 매출환입계정이나 매출할인계정을 설정하여 처리할 수도 있다. 그러나 이 경우 결산시 손익계산서의 당기상품매출액은 총매출액에서 매출에누리와 매출환입 및 매출할인을 차감한 순매출액으로 표시하여야 한다.

예제 8-5 다음 거래를 분개하시오.

3월 3일 상품 100개를 @₩100에 외상으로 판매하다.
3월 4일 상품 10개가 하자가 있어 ₩500을 깍아 주었다.
3월 7일 상품 10개가 하자가 있어 반품되었다.
3월 9일 상품대금 ₩5,000이 조기 회수되어 ₩100을 깍아 주었다.

풀이

3월 3일	(차) 외상매출금	10,000	(대) 매 출		10,000
3월 4일	(차) 매 출(또는 매출에누리와 환입)	500	(대) 외상매출금		500
3월 7일	(차) 매 출(또는 매출에누리와 환입)	1,000	(대) 외상매출금		1,000
3월 9일	(차) 현 금	4,900	(대) 외상매출금		5,000
	매 출(또는 매출할인)	100			

4. 상품매출손익의 계산

상품의 매매활동과 관련된 상품매출손익은 다음과 같은 과정을 통하여 계산된다.

상품매출손익 = 매출액—매출원가

이 때 매출액이 매출원가보다 큰 경우에는 매출총이익이 발생하며, 매출액이 매출원가보다 작은 경우에는 매출총손실이 발생한다.

매출액은 일정기간 동안 소비자에게 판매한 상품가격 총계인 총매출액에서 매출에누리와 매출환입 및 매출할인을 차감하여 계산하며, 매출원가는 일정기간 동안에 소비자에게 판매한 상품의 취득원가로서 다음과 같이 계산한다.

매출액 = 총매출액—매출에누리와 매출환입—매출할인

매출원가 = 기초상품재고액 + 당기상품매입액—기말상품재고액
(전기이월액) (차기이월액)

매출원가는 기초상품재고액에 당기상품매입액을 가산한 금액에서 기말상품재고액을 차감하여 구하는데, 기초상품재고액에 당기상품매입액을 가산한 금액을 판매가능상품액이라고 한다. 당기상품매입액은 당기상품총매입액에서 매입에누리와 매입환출 및 매입할인을 차감하여 계산한다.

당기상품매입액 = 당기상품총매입액—매입에누리와 매입환출—매입할인

매출원가는 기초상품재고액에 당기상품매입액을 가산한 금액에서 기말상품재고액을 차감하여 구하므로, 기말결산시점에 재고조사를 통하여 기말상품재고액을 파악하여 기초상품재고액에 당기상품매입액을 가산하고 기말상품재고액을 차감하여 산출한다. 매출원가를 산출하는 결산정리분개는 다음과 같다.

결산정리분개

① 12월 31일 (차) 매출원가 xxx (대) 상품(기초) xxx

* 기초상품재고액을 매출원가계정에 대체하는 분개

② 12월 31일 (차) 매출원가 xxx (대) 매 입 xxx

* 당기상품매입액을 매출원가계정에 대체하는 분개

③ 12월 31일 (차) 상품(기말) xxx (대) 매출원가 xxx

* 매출원가계정에서 기말상품재고액을 차감하는 분개

따라서 이 결산정리분개를 하고 난 뒤의 매출원가계정 잔액은 기초상품재고액에 당기상품매입액을 합한 금액에서 기말상품재고액을 차감한 것이므로 당기매출원가를 나타낸다. 결산정리분개사항을 총계정원장에 전기하면 다음과 같다.

매출원가

차변		대변	
상품(기초)	xxx	상품(기말)	xxx
매　　입 (당기매입)	xxx		

매　　입

차변		대변	
	xxx	매출원가	xxx

상　　품

차변		대변	
전기이월 (기초상품)	xxx	매출원가 (기초상품)	xxx
매출원가 (기말상품)	xxx		

상품계정의 잔액은 기말상품재고액을, 매출원가계정의 잔액은 당기상품 매출원가를 의미하며 매입계정은 소멸된다. 이를 토대로 대차대조표와 손익계산서를 작성하면 손익계산서에는 당기상품매출액과 매출원가가 표시되어 상품매출이익만을 표시할 때보다 훨씬 유용한 손익계산서가 된다.

대차대조표

차변		대변	
상품(기말)	xxx		

손익계산서

차변		대변	
매출원가	xxx	매　　출	xxx

예제 8-6 (주)아리랑의 20x8년 12월 31일에 있어서의 상품, 매입, 매출계정의 기입내용이다. 결산정리분개를 하시오. 단, 기말상품재고액은 ₩294,000이다.

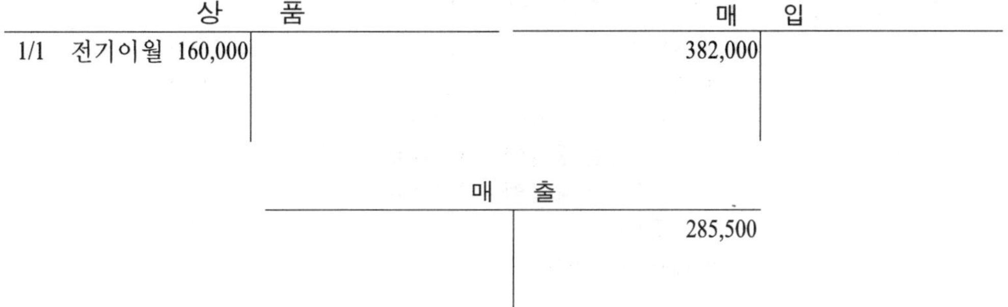

상　　품

차변		대변	
1/1　전기이월	160,000		

매　　입

차변		대변	
	382,000		

매　　출

차변		대변	
			285,500

풀이

① 12/31	(차) 매출원가	160,000	(대) 상품(기초)	160,000
② 12/31	(차) 매출원가	382,000	(대) 매　　입	382,000
③ 12/31	(차) 상품(기말)	294,000	(대) 매출원가	294,000
③ 12/31	(차) 집합손익	248,000	(대) 매출원가	248,000
④ 12/31	(차) 매　　출	285,500	(대) 집합손익	285,500

상　품

차변		대변	
1/ 1 전기이월	160,000	12/31 매출원가	160,000
12/31 매출원가	294,000	12/31 차기이월	294,000

매출원가

차변		대변	
12/31 상품(기초)	160,000	12/31 매출원가	294,000
12/31 매　　입	382,000	12/31 집합손익	248,000

매　입

차변		대변	
	382,000	12/31 상품(기말)	294,000
12/31 상　　품	160,000	12/31 집합손익	248,000

매　출

차변		대변	
12/31 집합손익	285,500		285,500

집합손익

차변		대변	
12/31 매출원가	248,000	12/31 매　　출	285,500

(주)아리랑의 상품매매에 따른 매입, 매출의 인식 및 측정결과를 약식으로 손익계산서에 나타내 보면 다음과 같다.

손 익 계 산 서

(주)아리랑　　　　2008년 1월 1일－2008년 12월 31일

매 출 액		285,500
매출원가		248,000
기초상품재고액	160,000	
당기상품매입액	382,000	
기말상품재고액	294,000	
매출총이익		37,500
판매비와관리비		

.
.
.
.

상품계정에 대한 기말 결산정리분개는 위와 같은 매출원가계정을 사용하지 않고 매입계정을 이용하여 행할 수도 있다. 이때 매입계정의 잔액은 당기상품 매출원가를 나타낸다. 이를 설명하면 다음과 같다.

① 기초상품재고액(전기이월액)을 상품계정에서 매입계정의 차변으로 대체한다.

(기초상품재고액 +당기상품매입액)의 계산과정

(차) 매 입 xxx (대) 상 품 xxx

② 기말상품재고액(차기이월액)을 매입계정에서 차감하여 상품계정의 차변에 대체한다.

(기초상품재고액 +당기상품매입액−기말상품재고액)의 계산과정

(차) 상 품 xxx (대) 매 입 xxx

①, ②의 대체분개에 의하여 매입계정에서 매출원가가 계산되었다. 따라서 집합손익계정의 차변으로 매출원가를 대체시키고, 매출계정에서 매출액을 집합손익계정의 대변에 대체시키면 상품매출이익이 계산된다.

③ 매입계정에서 계산된 매출원가 즉 매입계정의 차변잔액을 집합손익계정의 차변으로 대체시킨다.

(차) 집합손익 xxx (대) 매 입 xxx

④ 매출계정에서 계산된 매출액 즉 매출계정의 대변잔액을 집합손익계정의 대변으로 대체시킨다.

(차) 매 출 xxx (대) 집합손익 xxx

이상과 같이 분개기장하면 집합손익계정에서 매출액과 매출원가의 차액이 상품매출이익이 된다.

예제 8-7 (주)아리랑의 20x8년 12월 31일에 있어서의 상품, 매입, 매출계정의 기입내용이다. 결산정리분개를 하시오. 단, 기말상품재고액은 ₩294,000이다.

상 품

차변	대변
1/1 전기이월 160,000	

매 입

차변	대변
320,000	

매	출
	285,500

풀이

① 12/31	(차) 매 입	160,000	(대) 상 품	160,000
② 12/31	(차) 상 품	294,000	(대) 매 입	294,000
③ 12/31	(차) 집합손익	248,000	(대) 매 입	248,000
④ 12/31	(차) 매 출	285,500	(대) 집합손익	285,500

상 품

차변			대변		
1/ 1	전기이월	160,000	12/31	매 입	160,000
12/31	매 입	294,000	12/31	차기이월	294,000

매 입

차변			대변		
		382,000	12/31	상 품	294,000
12/31	상 품	160,000	12/31	집합손익	248,000

매 출

차변			대변		
12/31	집합손익	285,500			285,500

집합손익

차변			대변		
12/31	매 입	248,000	12/31	매 출	285,500

(주)아리랑의 상품매매에 따른 매입, 매출의 인식 및 측정결과를 약식으로 손익계산서에 나타내 보면 다음과 같다.

손 익 계 산 서

(주)아리랑　　　2008년 1월 1일－2008년 12월 31일

매 출 액		285,500
매출원가		248,000
기초상품재고액	160,000	
당기상품매입액	382,000	
기말상품재고액	294,000	
매출총이익		37,500
판매비와관리비		
·		
·		
·		
·		
·		
·		

제3절 재고상품의 평가

결산시에 매출원가를 산출하기 위해서는 상품의 기말재고액을 파악하여야 한다. 이를 위해 당기의 판매가능상품액을 판매분과 미판매분으로 배분하여야 한다. 여기에서 판매분은 당기 중에 판매된 상품의 원가, 즉 매출원가가 되며 미판매분은 기말상품재고액이 된다.

기초재고액 ↘ ↗ 판매분(매출원가)—비용
당기판매가능상품액
당기상품매입액 ↗ ↘ 미판매분(기말상품재고액)—자산

당기의 판매가능상품액을 매출원가와 기말상품재고액으로 배분하기 위하여 상품재고장을 이용한다. 상품재고장은 상품의 입고와 출고를 기록하여 상품의 증감변동 및 잔액을 표시하는 보조장부이다. 기말상품재고액은 수량 X 단가로 결정된다.

1. 수량의 결정방법

재고상품의 수량을 결정하는 방법은 계속기록법과 실지재고조사법이 있다.

① 계속기록법

계속기록법이란 상품이 매입(입고)되고 매출(출고)될 때마다 상품재고장에 수량을 계속하여 기록하는 방법으로, 상품재고장의 재고잔량을 기말재고수량으로 결정하는 방법이다.

계속기록법은 장부상으로 재고수량을 파악하기 때문에 도난이나 파손, 분실 등으로 인하여 실제의 재고수량과 일치하지 않을 수 있다. 따라서 기말재고수량이 과대계상될 염려가 있고, 그 결과 당기순이익도 과대계상될 수 있다는 단점이 있다.

② 실지재고조사법(실사법)

실지재고조사법이란 기말에 재고조사를 실시하여 보유하고 있는 재고수량을 실지로 파악하는 방법이다. 즉, 실지재고조사법은 상품재고장에 입고할 때만 수량을 기록하고 출고수량은 기록하지 않고 있다가 결산시 실지재고보유수

량을 파악하여 기말재고수량을 결정하는 방법이다.

실지재고조사법은 실지재고조사에 의하여 기말재고수량을 파악하기 때문에 도난이나 파손, 분실 등으로 인하여 없어진 수량이 매출수량에 포함하게 된다. 따라서 매출원가가 과대계상될 염려가 있고, 그 결과 당기순이익이 과소계상될 수 있다는 단점이 있다.

2. 단가의 결정방법

재고상품의 단가를 결정하는 방법에는 개별법, 선입선출법, 후입선출법, 평균법 등 여러 가지가 있으나 일반적으로 선입선출법과 후입선출법이 많이 사용되고 있다.

① 개별법

개별법이란 기말재고상품을 종류별로 개별적으로 취득원가를 적용하여 기말재고의 단가를 계산하는 방법이다. 이 방법은 번거롭기 때문에 실무적으로 사용이 곤란하나, 거래의 빈도수가 많지 않은 고가의 귀금속이나 골동품 등에는 많이 적용하고 있다.

② 선입선출법

선입선출법(first-in first-out method : FIFO)은 실제 물량흐름과는 관계없이 먼저 입고된 상품이 먼저 출고된다고 가정하여 기말재고의 단가를 계산하는 방법이다. 따라서 매출원가는 오래 전에 구입한 상품의 원가로 구성되고, 기말재고상품은 최근에 구입한 상품의 원가로 구성된다.

선입선출법에 의하면 인플레이션 하에서 기말재고상품은 시가에 가까운 가액으로 계산되고, 매출원가는 낮은 단가로 계산되므로 매출이익이 과대계상되는 결과를 가져온다.

③ 후입선출법

후입선출법(last-in first-out method : LIFO)은 실제 물량흐름과는 관계없이 가장 최근에 입고된 상품이 먼저 출고된다고 가정하여 기말재고의 단가를 계산하는 방법이다. 따라서 매출원가는 최근에 구입한 상품의 원가로 구성되고, 기말재고상품은 오래 전에 구입한 상품의 원가로 구성된다.

후입선출법에 의하면 인플레이션 하에서 기말재고상품은 낮은 단가로 계산되고, 매출원가는 시가에 가까운 가액으로 계산되므로 매출이익이 과소계상되는 결과를 가져온다.

예제 8-8 다음은 2008년 (주)아리랑의 상품거래에 관한 자료이다. 이 자료를 이용하여 계속기록법과 실지재고조사법에 따라 개별법, 선입산출법, 후입선출법에 의한 매출원가와 기말상품재고액을 구하시오.

일자	적요	수 량	단 가	금 액
1월 1일	기초재고	200	₩10	₩2,000
5월 15일	매 출	10		
6월 10일	매 입	300	₩12	₩3,600
10월 20일	매 출	200(6/10 매입분)		
11월 5일	매 입	500	₩15	₩7,500
12월 3일	매 출	400 (100개 : 6/10 매입분) (300개 : 11/5 매입분)		

풀이 1. 개별법

① 계속기록법에 의한 매출원가와 기말상품재고액

일자	적요	입 고			출 고			잔 액		
		수 량	단가	금 액	수 량	단가	금 액	수 량	단가	금 액
1/ 1	전기이월	200	10	2,000				200	10	2,000
5/15	매출				100	10	1,000	100	10	1,000
6/10	매입	300	12	3,600				100 300	10 12	1,000 3,600
10/20	매출				200	12	2,400	100 100	10 12	1,000 1,200
11/ 5	매입	500	15	7,500				100 100 500	10 12 15	1,000 1,200 7,500
12/ 3	매출				100 300	12 15	1,200 4,500	100 200	10 15	1,000 3,000
12/31		판매가능상품 1,000개, ₩13,100			매출원가 700개, ₩9,100			기말상품재고액 300개, ₩4,000		

* 판매가능상품(1,000개) ₩13,100 ↗ 매출원가(700개) ₩9,100
↘ 기말상품재고액(300개) ₩4,000

② 실지재고조사법에 의한 매출원가와 기말상품재고액

실지재고조사법은 창고를 실제 조사하여 기말재고상품을 개별적으로 파악하므로 기말재고상품의 원가를 먼저 계산한 후 매출원가는 판매가능상품의 원가에서 기말재고상품의 원가를 차감하여 구한다.

* 판매가능상품 = ₩13,100
* 기말재고상품 = ₩4,000(100 X ₩10 + 200 X ₩15)
* 매출원가 = ₩13,100 - ₩4,000 = ₩9,100

2. 선입선출법

① 계속기록법에 의한 매출원가와 기말상품재고액

일자	적요	입 고			출 고			잔 액		
		수 량	단가	금 액	수 량	단가	금 액	수 량	단가	금 액
1/ 1	전기이월	200	10	2,000				200	10	2,000
5/15	매출				100	10	1,000	100	10	1,000
6/10	매입	300	12	3,600				100 300	10 12	1,000 3,600
10/20	매출				100 100	10 12	1,000 1,200	200	12	3,600
11/ 5	매입	500	15	7,500				200 500	12 15	2,400 7,500
12/ 3	매출				200 200	12 15	2,400 3,000	300	15	4,500
12/31		판매가능상품 1,000개, ₩13,100			매출원가 700개, ₩8,600			기말상품재고액 300개, ₩4,500		

* 판매가능상품(1,000개) ₩13,100 ↗ 매출원가(700개) ₩8,600
↘ 기말상품재고액(300개) ₩4,500

② 실지재고조사법에 의한 매출원가와 기말상품재고액

실지재고조사법은 단가를 출고시마다 기록하지 않고 기말에 일괄하여 산정한다. 따라서 기말상품재고액(300개 X ₩15 = ₩4,500)은 가장 최근에 구입한 상품으로 구성된다. 그리고 매출원가는 판매가능상품액(기초상품재고액 + 당기상품매입액)에서 기말상품재고액을 차감하여 계산한다(₩13,100－₩4,500 = ₩8,600).

3. 후입선출법

① 계속기록법에 의한 매출원가와 기말상품재고액

일자	적요	입 고			출 고			잔 액		
		수 량	단가	금 액	수 량	단가	금 액	수 량	단가	금 액
1/ 1	전기이월	200	10	2,000				200	10	2,000
5/15	매출				100	10	1,000	100	10	1,000
6/10	매입	300	12	3,600				100 300	10 12	1,000 3,600
10/20	매출				200	12	2,400	100 100	10 12	1,000 1,200
11/ 5	매입	500	15	7,500				100 100 500	10 12 15	1,000 1,200 7,500
12/ 3	매출				400	15	6,000	100 100 100	10 12 15	1,000 1,200 1,500
12/31		판매가능상품 1,000개, ₩13,100			매출원가 700개, ₩9,400			기말상품재고액 300개, ₩3,700		

② 실지재고조사법에 의한 매출원가와 기말상품재고액

실지재고조사법은 단가를 출고시마다 기록하지 않고 기말에 일괄하여 산정하는데 기말상품재고액(200개 X ₩10 + 100개 X ₩12 = ₩3,200)은 가장 먼저 구입한 상품으로 구성된다. 그리고 매출원가는 판매가능상품액(기초상품재고액 + 당기상품매입액)에서 기말상품재고액을 차감 (₩13,100－₩3,200 = ₩9,900)하여 계산한다.

제9장

비유동자산

제 9 장 비유동자산

비유동자산은 기업에 있어서 장기간 사용할 목적으로 보유하거나, 장기간 보유한 후 현금으로 전환할 목적의 자산을 말한다. 비유동자산에는 투자이익이나 타회사를 지배·통제할 목적으로 장기적으로 보유하는 투자자산, 장기에 걸쳐 사용할 목적의 건물, 기계장치, 차량운반구, 토지 등과 같은 유형자산과 영업권, 산업재산권 등과 같은 무형자산 및 기타비유동자산이 있다.

제1절 투자자산

1. 투자자산의 의의

투자자산이란 기업이 장기적인 투자수익이나, 타기업 지배목적 등의 부수적인 기업활동의 결과로 보유하는 자산이다. 투자자산은 주요 영업활동에 사용할 목적으로 투자된 것이 아니라는 점에서 유형자산과 구별되고, 장기적으로 보유한다는 점에서 유동자산과 구별된다.

2. 투자자산의 분류

기업회계기준에서는 투자자산을 다음과 같이 분류하고 있다.

(1) 투자부동산

영업활동에 사용할 목적이 아니고 투자의 목적 또는 비업무용으로 소유하는 토지, 건물 및 기타의 부동산을 말한다.

(2) 장기투자증권

① 매도가능증권

단기매매증권이나 만기보유증권, 지분법적용투자주식으로 분류되지 않는 유가증권을 말한다. 매도가능증권은 원칙적으로 투자자산으로 분류한다. 다만, 대차대조표일로부터 1년 이내에 만기가 도래하거나 또는 매도 등에 의하여 처분할 것이 확실한 매도가능증권은 당좌자산으로 분류한다.

② 만기보유증권

만기가 확정된 채무증권으로서 상환금액이 확정되었거나 확정이 가능한 채무증권을 만기까지 보유할 적극적인 의도와 능력이 있는 것을 말한다. 만기보유증권은 원칙적으로 투자자산으로 분류한다. 다만, 대차대조표일로부터 1년 이내에 만기가 도래하는 만기보유증권은 당좌자산으로 분류한다.

비유동자산 중 투자자산으로 분류되는 매도가능증권과 만기보유증권을 통합하여 장기투자증권으로 표시할 수 있으며 이들의 금액이 중요하지 않은 경우 기타로 공시한다.

(3) 지분법적용투자주식

피투자회사에 대해 중대한 영향력을 행사할 수 있는 지분증권을 말한다. 일반적으로 피투자회사가 발행한 의결권 있는 지분의 20% 이상을 보유하고 있는 경우에는 명백한 반증이 있는 경우를 제외하고는 중대한 영향력이 있는 것으로 보아 투자자산의 지분법적용투자주식으로 회계처리한다.

(4) 장기대여금

유동자산에 속하지 아니하는 장기의 대여금을 말한다. 즉, 대차대조표일로부터 1년 이상 장기간에 걸쳐 상환기간이 도래하는 대여금을 말한다.

(5) 장기금융상품

유동자산에 속하지 아니하는 금융상품을 말한다. 즉, 대차대조표일로부터 1년 이후에 만기가 도래하는 금융상품을 말한다.

제2절 유형자산

1. 유형자산의 의의 및 분류

유형자산은 재화의 생산이나 용역의 제공, 타인에 대한 임대 또는 자체적으로 사용할 목적으로 보유하는 물리적 형태가 있는 자산으로서, 1년을 초과하여 사용할 것이 예상되는 자산이다. 즉, 유형자산은 영업활동에 사용할 목적으로 취득한 자산으로서 미래 장기에 걸쳐 경제적 효익을 제공할 것으로 기대되는 물리적 실체를 가진 자산으로 그 특징은 다음과 같다.

① 영업활동에 사용할 목적으로 취득한 자산
② 물리적인 형태가 있는 자산
③ 장기간 경제적 효익을 제공할 수 있는 자산
④ 일반적으로 감가상각의 대상이 되는 자산

유형자산은 재판매나 투자를 목적으로 보유하고 있는 것이 아니라 기업의 영업활동에 사용할 목적으로 보유한다는 점에서 재고자산이나 투자자산과는 다르며, 실물형태를 갖추고 있다는 점에서 무형자산과 구별된다.

유형자산은 토지, 건물, 구축물, 기계장치, 건설중인자산, 기타 자산(차량운반구, 선박, 항공기, 비품, 공기구 등) 등으로 분류하고 있다.

2. 유형자산의 감가상각

(1) 감가상각의 의의

토지와 건설중인자산을 제외한 유형자산은 시간이 경과하고, 사용하거나 진부화 등으로 인하여 그 기능이나 경제적 가치가 점차 감소하는데 이를 유형자산의 감가라고 하며, 유형자산의 취득원가를 그 자산의 경제적 효익이 발생하는 기간(추정내용연수)동안 체계적이고 합리적인 방법에 의해 비용으로 배분하는 과정을 감가상각이라고 한다.

감가상각은 유형자산의 가치를 평가하는 과정이 아니라 취득원가를 경제적 내용연수동안 비용화시키는 원가배분과정이다. 즉, 감가상각은 유형자산의 시장가치가 감소한 것을 인식하는 과정이 아니라 수익·비용의 적절한 대응을 위하여 취득원가를 경제적 효익이 발생한 기간에 체계적이고 합리적인 방법에 의해 비용으로 배분하는 과정이며, 감가상각의 회계절차에 의하여 비용으로 계상되는 감가액을 감가상각비라고 한다.

(2) 감가상각의 계산요소

유형자산에 대해 감가상각을 하기 위해서는 취득원가, 내용연수 및 잔존가액의 세 가지 요소를 결정해야 한다.

① 취득원가

취득원가는 감가상각비를 계산할 때에 기준이 되는 금액으로서, 해당 유형자산을 취득할 때의 매입가액에 해당 자산이 사용가능상태에 이르기까지 소요된 취득부대비용을 합한 금액을 말한다.

예를 들어, 토지의 취득원가는 토지의 구입가액에 등록세, 취득세, 부동산수수료, 등기비용 등을 모두 합산하여 계산하며, 이와 동일하게 차량의 취득원가에는 차량가액에 등록세, 취득세, 등록비용 등이 모두 합산된다.

☞ 수익적 지출과 자본적 지출 ....

유형자산은 취득한 후에도 당해 자산과 관련하여 여러 가지 지출이 추가로 발생하게 되는데, 이 추가적인 지출은 지출효과에 따라 수익적 지출과 자본적 지출로 구분된다.

o 수익적 지출

수익적 지출은 유형자산의 원상을 회복시키거나 능률유지를 위해 지출된 비용으로 발생 즉시 발생한 기간의 비용(수선비)으로 처리한다. 예를 들어, 건물의 청결상태를 위해 지출하는 용역비용이나 도색비용, 공장설비에 대한 유지보수나 수리를 위해 지출하는 비용 등이 수익적 지출에 해당된다.

(차) 수선비 xxx (대) 현 금(또는 당좌예금) xxx

법인세법상의 수익적 지출

* 건물 또는 벽의 도장
* 파손된 유리나 기와의 대체
* 기계장치의 소모된 부속품의 대체와 벨트의 교체

* 자동차의 타이어 튜브의 대체
* 재해를 입은 자산에 대한 외장의 복구, 도장, 삽입
* 기타 조업 가능한 상태의 유지 등 전 각호와 유사한 성질의 것
* 개별자산별로 수선비로 지출한 가액이 300만원 미만이거나 직전사업연도 종료일 현재 대차대조표상 자산가액(취득가액에서 감가상각누계액 상당액을 차감한 금액)의 100분의 5에 미달하는 경우 및 3년 미만의 기간마다 주기적인 수선을 위하여 지출하는 비용은 이를 수익적 지출로 할 수 있다.

○ 자본적 지출

자본적 지출은 유형자산의 내용연수를 연장시키거나 가치를 실질적으로 증가시키는 경우의 지출로, 자산의 가치를 증가시키므로 자본적 지출액은 해당 유형자산의 취득원가에 가산하여 감가상각을 하는 방식으로 회계처리한다.

(차) 해당 유형자산	xxx	(대) 현 금(또는 당좌예금)	xxx

법인세법상의 자본적 지출

* 본래의 용도를 변경하기 위한 개조
* 엘리베이터 또는 냉난방장치의 설치
* 건물 등에 있어서 피난시설 등의 설치
* 재해 등으로 인하여 건물, 기계, 설비 등이 멸실 또는 훼손되어 당해 자산의 본래의 용도에 이용가치가 없는 것의 복구
* 기타 개량, 확장, 증설 등 전 각호와 유사한 성질의 것

예제 9-1 다음 거래를 분개하시오

1월 3일 사무실 벽을 도장하고 공사대금 ₩1,000,000을 현금으로 지급하다.
2월 7일 건물을 증축하고 공사대금 ₩10,000,000을 수표를 발행하여 지급하다.
5월 5일 건물 내부시설을 확충하고 공사대금 ₩2,000,000을 현금으로 지급하다. 공사대금 중 ₩1,500,000은 건물 내부시설 확충비이고, 나머지는 건물 외부의 도색작업비이다.

풀이

1월 3일	(차) 수선비	1,000,000	(대) 현 금	1,000,000
2월 7일	(차) 건 물	10,000,000	(대) 당좌예금	10,000,000

5월 5일	(차) 건　물	1,500,000	(대) 현　금	2,000,000
	수선비	500,000		

② 내용연수

내용연수는 해당 유형자산을 사용하는 기간 또는 해당 유형자산으로부터 획득할 수 있는 생산량이나 이와 유사한 단위를 의미한다. 법인세법에서는 유형자산에 대한 내용연수를 별도로 규정하고 있다.

③ 잔존가액

잔존가액은 내용연수가 경과한 후 유형자산의 처분시 추정되는 처분가액에서 처분과 관련된 비용을 차감한 가액을 말한다.

기업회계기준에서는 해당 유형자산을 취득하는 시점에 자산의 성격이나 업종 등을 고려하여 객관적이고 합리적인 방법에 따라 잔존가액을 추정하도록 규정하고 있다. 그러나 법인세법에서는 잔존가액이 없는 것으로 본다.

(3) 감가상각의 계산방법

유형자산의 감가상각 방법에는 정액법, 정률법, 생상량비례법 등 여러 가지가 있으나 실무상으로는 정액법과 정률법이 많이 사용되고 있다.

① 정액법

정액법은 취득원가에서 잔존가액을 차감한 감가상각대상금액을 내용연수로 나누어 감가상각비를 매 회계기간동안 균등하게 할당하여 상각하는 방법이다.

$$\text{매기 감가상각비} = \frac{\text{취득원가} - \text{잔존가액}}{\text{내용연수}}$$

이 방법은 계산이 간단하고 매기 상각액이 균등하게 계산된다는 장점은 있으나, 조업의 변동에 따른 자산의 가치를 고려하지 않는다는 단점이 있다.

예제 9-2 취득원가 ₩1,000,000, 잔존가액 ₩100,000, 내용연수 5년인 차량운반구의 감가상각비와 미상각잔액을 정액법에 의해 계산하시오.

풀이

$$\text{매기 감가상각비} = \frac{₩1,000,000 - ₩100,000}{5}$$

= ₩180.000

연　　도	감가상각비	미상각잔액
1차년도	180,000	820,000
2차년도	180,000	640,000
3차년도	180,000	460,000
4차년도	180,000	280,000
5차년도	180,000	100,000

② 정률법

정률법은 유형자산의 미상각잔액(취득원가 − 감가상각누계액)에 매기 일정한 상각률(정률)을 곱하여 매기 감가상각비를 계산하는 방법이다.

매기 감가상각비 = 미상각잔액 X 상각률
= (취득원가 − 감가상각누계액) X 상각률

$$\text{상각률}(r) = 1 - \sqrt[n]{\frac{\text{추정잔존가액}}{\text{취득원가}}} \text{(여기서, } n\text{은 내용연수)}$$

이 방법은 유형자산 구입 초기에 많이 상각되고 시간이 경과할수록 상각액이 점차로 감소된다는 특징이 있다.

예제 9-3 취득원가 ₩1,000,000, 잔존가액 ₩100,000, 내용연수 5년인 차량운반구의 감가상각비와 미상각잔액을 정률법(상각률은 0.369)에 의해 계산하시오.

풀이

연 도	감가상각비	미상각잔액
1차년도	369,000*	631,000
2차년도	232,839	398,161
3차년도	146,921	251,240
4차년도	92,708	158,532
5차년도	58,532	100,000

* 매기 감가상각비 = 미상각잔액 X 상각률

= (취득원가 − 감가상각누계액) X 상각률

1차년도 감가상각비 = 1,000,000 X 0.369 = 369,000

2차년도 감가상각비 = (1,000,000 − 369,000) X 0.369
= 631,000 X 0.369 = 232,839

3차년도 감가상각비 = (1,000,000 − 369,000 − 232,839) X 0.369
= 398,161 X 0.369 = 146,921

4차년도 감가상각비 = (1,000,000 − 369,000 − 232,839 − 146,921) X 0.369
= 251,240 X 0.369 = 92,708

5차년도 감가상각비 = (1,000,000 − 369,000 − 232,839 − 146,921 − 92,708) X 0.369
= 158,532 X 0.369 = 58,532

연도	취득가액	감가상각비	감가상각누계액	장부가액
1차년도	1,000,000	369,000	369,000	631,000
2차년도	1,000,000	232,839	601,839	398,161
3차년도	1,000,000	146,921	748,760	251,240
4차년도	1,000,000	92,708	841,468	158,532
5차년도	1,000,000	58,532	900,000	100,000

법인세법에서는 정액법과 정률법(잔존가액 5% 적용)으로 각각 구분하여 내용연수별 감가상각자산의 상각률을 규정하고 있다.

감가상각자산의 상각률 표

내용연수	정액법	정률법	내용연수	정액법	정률법
			11년	0.090	0.239
2년	0.500	0.777	12년	0.083	0.221
3년	0.333	0.632	13년	0.076	0.206
4년	0.250	0.528	14년	0.071	0.193
5년	0.200	0.451	15년	0.066	0.182
6년	0.166	0.394	16년	0.062	0.171
7년	0.142	0.349	17년	0.058	0.162
8년	0.125	0.313	18년	0.055	0.154
9년	0.111	0.284	19년	0.052	0.146
10년	0.100	0.259	20년	0.050	0.140

3. 감가상각의 회계처리

감가상각비를 회계처리하는 방법은 직접법과 간접법이 있다.

① 직접법

직접법은 감가상각액을 해당 유형자산에서 직접 차감하는 방법으로, 취득원가에서 상각액이 상계되어 해당 유형자산의 차변잔액은 미상각액을 나타낸다.

12월 31일 (차) 감가상각비 xxx (대) 해당 유형자산 xxx

이 방법은 해당 유형자산의 차변잔액은 장부가액(미상각잔액)을 나타낸다는 장점은 있으나, 유형자산의 취득원가와 감가상각비의 누계액은 알 수 없다는 단점이 있다.

예제 9-4 12월 31일 건물(취득원가 ₩5,000,000)에 대한 감가상각비 ₩1,000,000을 계상하다. 직접법에 의해 감가상각에 따른 회계처리를 하시오.

풀이

12월 31일 (차) 감가상각비 1,000,000 (대) 건 물 1,000,000

대차대조표

건 물	4,000,000	

② 간접법

간접법은 감가상각액을 해당 유형자산에서 직접 차감하지 않고 감가상각누계액계정을 설정하여 매년도의 상각액을 누적 표시하는 방법이다. 따라서 간접법에 의하면 해당 유형자산계정은 항상 취득원가로 표시되고, 감가상각누계액계정의 대변은 매년도의 감가상각액의 누계액이 집계되어 해당 유형자산에서 이를 차감하면 미상각잔액이 된다.

감가상각누계액계정은 자산의 차감적 평가계정으로 대차대조표의 해당 유형자산에서 차감하는 형식으로 기재하며, 직접법에 비해 해당 자산에 대한 정보를 보다 자세히 파악할 수 있다는 것이 장점이다.

기업회계기준에서는 간접법에 의하도록 규정하고 있다.

예제 9-5 12월 31일 건물(취득원가 ₩5,000,000)에 대한 감가상각비 ₩1,000,000을 계상하다. 간접법에 의해 감가상각에 따른 회계처리를 하시오.

풀이

12월 31일 (차) 감가상각비 1,000,000 (대) 감가상각누계액 1,000,00

대차대조표

건 물	5,000,000	
감가상각누계액	(1,000,000)	

4. 유형자산의 처분

보유하고 있는 유형자산을 처분하는 경우 유형자산처분손익은 처분가액과 유형자산의 장부가액을 비교하여 산출한다. 처분가액은 매각시점의 공정가액이며,

장부가액은 취득원가에서 매각시점의 감가상각누계액을 차감한 금액이다.

유형자산처분손익 = 처분가액—장부가액
= 처분가액—(취득원가—감가상각누계액)

처분가액이 장부가액보다 클 경우에는 유형자산처분이익을, 처분가액이 장부가액보다 작을 경우에는 유형자산처분손실을 인식하는 회계처리를 하며 손익계산서에 영업외손익으로 표시한다.

예제 9-6 다음 거래를 분개하시오.

(주)월드는 2008년 1월 1일에 건물을 매각하고 현금 ₩3,500,000을 받았다. 건물의 취득원가는 ₩10,000,000이었으며, 건물에 대한 감가상각누계액은 ₩7,000,000이었다.

풀이

1월 1일	(차) 현　　　금	3,500,000	(대) 건　　　물	10,000,000
	감가상각누계액	7,000,000	유형자산처분이익	500,000

* 유형자산처분이익 = 처분가액 − 장부가액
= 처분가액 − (취득원가 − 감가상각누계액)
= ₩3,500,000 − (₩10,000,000 − ₩7,000,000)
= ₩500,000

예제 9-7 다음 거래를 분개하시오

(주)월드는 2008년 1월 1일에 건물을 매각하고 현금 ₩2,500,000을 받았다. 건물의 취득원가는 ₩10,000,000이었으며, 건물에 대한 감가상각누계액은 ₩7,000,000이었다.

풀이

1월 1일	(차) 현　　　금	2,500,000	(대) 건　　　물	10,000,000
	감가상각누계액	7,000,000		
	유형자산처분손실	500,000		

* 유형자산처분손실= 처분가액 − 장부가액
= 처분가액 − (취득원가 − 감가상각누계액)
= ₩2,500,000 − (₩10,000,000 − ₩7,000,000)
= − ₩500,000

제3절 무형자산

1. 무형자산의 의의

무형자산이란 기업이 영업활동에 장기간 사용할 목적으로 보유하고 있는 물리적 형태가 없는 자산을 말하며 보유기술, 관리능력, 브랜드의 가치 등을 그 예로 들 수 있다. 즉, 무형자산은 물리적인 실체는 없지만 식별가능하고, 기업이 통제하고 있으며, 미래경제적효익이 있는 자산으로 기업회계기준에서는 영업권, 산업재산권, 개발비, 기타로 분류하고 있다.

2. 무형자산의 종류

① 영업권

특정기업의 인수합병, 영업양수 등의 경우에 그 기업의 초과수익력(우수한 경영진, 보유기술, 오랜 명성, 브랜드 가치 등)을 인정하여 순재산가액 이상의 대가를 지급하는 경우 그 초과액을 말한다.

영업권은 매입영업권과 자가창설영업권으로 구분할 수 있는데, 기업회계기준에서는 기업이 매수나 영업양수 등의 경우에 유상으로 취득한 것만 영업권으로 인정하고 자가창설영업권은 인정하지 않고 있다.

② 산업재산권

법률에 의하여 당해 기관에 등록함으로서 특정기업이 일정기간 동안 독점적·배타적으로 이용할 수 있는 법적권리로서 특허권, 실용신안권, 디자인권, 상표권, 상호권 및 상품명 등이 있다.

③ 개발비

신제품 또는 신기술 등의 개발과 관련하여 발생한 비용으로서 개별적으로 식별가능하고 미래의 경제적 효익을 확실하게 기대할 수 있는 것을 말한다. 기업회계기준에서는 일정요건을 충족시키는 경우에만 개발비라는 계정과목으로 하여 무형자산으로 처리하고, 그렇지 않을 경우에는 경상개발비라는 계정과목으로 하여 발생한 기간에 비용(판매비와관리비)으로 처리하도록 규정하고 있다.

④ 기타

기타에 속하는 무형자산으로는 라이선스(licences), 프랜차이즈(franchises), 저적권, 컴퓨터소프트웨어, 임차권리금, 광업권, 어업권 등이 있다.

3. 무형자산의 회계처리

① 무형자산의 취득원가

무형자산은 외부구입의 경우도 있고 자기창설의 경우도 있다. 외부에서 유상으로 구입하는 경우 매입가격에 취득부대비용을 가산하여 취득원가로 한다. 그러나 기업이 자체적으로 개발하여 창설한 경우 발생된 원가를 구체적으로 식별할 수 있고, 미래의 경제적효익이 합리적으로 추정될 수 있는 경우에 한하며, 그렇지 않은 경우에는 그것이 발생한 기간의 비용으로 처리한다.

다만, 영업권은 자가창설이 인정되지 않고 외부에서 유상으로 취득한 경우에만 자산으로 계상할 수 있다.

② 무형자산의 상각

무형자산의 상각은 일반적으로 정액법에 의하여 상각한다. 상각기간은 특수한 경우를 제외하고는 20년을 초과하지 못하도록 규정하고 있으며, 잔존가액은 없는 것을 원칙으로 한다. 무형자산의 상각은 감가상각누계액을 표시하지 않고 직접법에 의하여 회계처리하며, 무형자산의 상각비는 판매비와 관리비로 처리한다.

예제 9-8 다음 거래를 분개하시오

2008년 1월 1일 (주)월드는 신제품의 제조방법에 관한 특허권을 인수하는 대가로 ₩1,000,000은 수표를 발행하여 지급하고, 이의 등록에 소요된 제비용 ₩10,000은 현금으로 지급하였다. 특허권의 내용연수는 10년이다.

2008년 12월 31일 특허권상각액을 계상하다.

풀이

2008년 1월 1일	(차) 특 허 권	1,010,000	(대) 당좌예금	1,000,000
			현 금	10,000
2008년12월31일	(차) 무형자산상각비	101,000	(대) 특 허 권	101,000

제4절 기타비유동자산

기타비유동자산은 비유동자산 중 1년 이후에 현금화가 되는 자산으로 투자자산, 유형자산, 무형자산으로 분류할 수 없는 자산을 말한다. 기업회계기준에서는 기타비유동자산을 이연법인세자산과 기타로 분류하고 있다.

① 이연법인세자산

이연법인세자산은 차감할 일시적 차이 등으로 인하여 미래에 경감될 법인세 부담액으로서 미래의 현금흐름을 예측하는데 유용한 정보를 제공하므로 구분표시한다. 이연법인세자산은 법인세회계에 관한 기업회계기준에 따라 유동자산으로 분류되는 이연법인세자산을 제외한 부분이다.

② 기타

기타는 임차보증금, 장기매출채권, 장기선급비용, 장기선급금, 장기미수금 등이 있다. 이들 자산은 투자수익이 없고 다른 자산으로 분류하기 어려워 기타로 통합한다. 다만 이들 항목이 중요한 경우에는 별도 표시한다.

- 임차보증금 : 타인의 부동산이나 동산을 사용하기 위하여 지급한 보증금을 말한다.
- 장기매출채권 : 일반적 상거래에서 발생한 외상매출금과 받을어음으로서 대차대조표일로부터 만기가 1년 이후에 도래하는 것을 말한다.
- 장기선급비용 : 선급된 비용 중 대차대조표일로부터 1년 이후에 비용으로 되는 것을 말한다.
- 장기선급금 : 상품 등의 매입을 위하여 선급한 금액 중 대차대조표일로부터 만기가 1년 이후에 도래하는 것을 말한다.
- 장기미수금 : 일반적 상거래 이외에서 발생한 미수채권 중 대차대조표일로부터 만기가 1년 이후에 도래하는 것을 말한다.

제10장

부 채

제 10 장 부 채

부채(liabilities)란 과거의 거래 혹은 경제적 사건의 결과로 인하여 현재 기업이 부담하고 있고 미래에 자원의 유출 또는 사용이 예상되는 의무로서 다음과 같은 특성을 가지고 있다.

첫째, 기업의 의무를 발생시킨 거래나 사건이 과거에 발생하여 현재 존재해야 한다.

둘째, 의무가 특정실체에 속한 것이어야 한다.

셋째, 부채의 상환금액과 상환시기를 합리적으로 측정가능해야 한다. 하지만 확정이 필요한 것은 아니다.

넷째, 미래에 자산을 이전하거나 용역을 제공해야 할 의무가 있다.

부채는 상환기일을 기준으로 크게 유동부채와 비유동부채로 나누며, 유동부채는 대차대조표일로부터 1년 이내에 상환되어야 하거나 또는 기업의 정상적인 영업주기 이내에 상환 등을 통하여 소멸할 것이 예상되는 부채이며, 비유동부채는 대차대조표일로부터 1년 이후에 상환기일이 도래하는 부채를 말한다.

제1절 유동부채

기업회계기준에서는 유동부채를 다음과 같이 분류하고 있다.

1. 매입채무

일반적 상거래에서 발생한 외상매입금과 지급어음을 말한다.

2. 단기차입금

금융기관으로부터의 당좌차월액과 1년 내에 상환될 차입금을 말한다.

3. 미지급금

일반적 상거래 이외에서 발생한 채무(미지급비용은 제외)를 말한다.

4. 미지급비용

발생된 비용으로서 지급되지 아니한 것을 말한다.

5. 미지급법인세

법인세 등의 미지급액을 말한다.

6. 선수금

상거래에서 발생한 선수액을 말한다.

7. 예수금

일반적 상거래 이외에서 발생한 일시적 제예수금을 말한다.

8. 선수수익

받은 수익 중 차기 이후에 속하는 금액을 말한다.

9. 이연법인세부채

법인세법 등의 법령에 의하여 납부하여야 할 금액이 법인세비용에 미달하는 경우 그 미달액으로, 대차대조표일로부터 1년 이내에 처리되는 것을 말한다.

10. 유동성 장기부채

비유동부채 중 1년 내에 상환될 부채를 말한다.

11. 기타의 유동부채

위에 속하지 아니하는 유동부채로 한다.

제2절 비유동부채

기업회계기준에서 비유동부채의 분류는 다음과 같다.

1. 사 채

사채(bonds)는 주식회사가 장기자금을 조달하기 위하여 계약에 따라 일정한 이자를 지급하며 일정한 시기에 원금을 상환할 것을 약속한 채무증권을 발행하고 일반 대중으로부터 차입한 채무를 말한다. 사채에는 차입금액, 만기일, 상환방법 및 발행회사 등이 기재된다. 일반적으로 사채는 발행일로부터 만기일까지의 기간이 약 3년짜리가 가장 많이 발행된다. 따라서 사채를 발행하여 대차대조표일로부터 1년 이후 장기간에 걸쳐 상환되는 금액은 비유동부채의 사채로 처리한다.

사채와 주식의 비교

① 사채는 회사의 채무이나, 주식은 회사의 채무가 아니다.
② 사채는 만기일에 원금을 상환해야 하고 청산의 경우 주식에 우선하여 변제하나, 주식은 상환할 의무가 없고 청산의 경우 사채를 먼저 변제하고 잔여 재산이 있을 때 분배받는다.
③ 사채는 이익과 관계없이 일정한 이자를 지급하나, 주식은 경영성과에 따라서 불확정적인 배당을 받는다.
④ 사채권자는 경영에 참가할 권리가 없으나, 주주는 주주총회에 참여하여 의결권을 행사함으로서 경영에 참여한다.

(1) 사채의 발행과 회계처리

사채의 발행이란 사채를 이용하여 일반 대중으로부터 자금을 조달하는 것을 말한다. 사채발행시 조달된 현금을 발행가액이라고 하고, 사채발행과 관련하여 발생한 발행수수료 및 보증료, 사채공모를 위한 광고비, 사채권의 인쇄비 등 사채를 발행하면서 직접적으로 소요된 비용을 사채발행비라고 한다. 기업회계기준에서는 사채발행을 위하여 직접 발생한 사채발행비용은 사채의 발행가액에서 차감하도록 규정하고 있다. 사채의 발행가액은 미래현금흐름인 액면이자와 액면가액을 시장이자율로 할인한 현재가치로 계산한다.

사채의 발행방법은 사채발행시의 액면이자율(또는 표시이자율이라고도 한다)과 시장이자율의 차이에 따라 액면발행, 할인발행, 할증발행의 3가지 방법이 있으나 일반적으로 할인발행이 많이 이용된다.

액면발행이란 사채의 액면이자율과 시장이자율이 같은 경우로서 사채발행가액이 액면가액(만기일에 상환할 원금)과 일치하는 경우이다. 할인발행은 사채의 액면이자율이 시장이자율보다 낮은 경우로서 사채발행가액이 액면가액에 미달하는 경우이고, 할증발행은 사채의 액면이자율이 시장이자율보다 높은 경우로서 사채발행가액이 액면가액을 초과하는 경우이다.

상 황	관 계	발행유형
액면이자율=시장이자율	발행가액 = 액면가액	액면발행
액면이자율<시장이자율	발행가액 < 액면가액	할인발행
액면이자율>시장이자율	발행가액 > 액면가액	할증발행

사채의 할인발행과 할증발행시에는 액면가액과 발행가액이 다르므로 차액이 발생한다. 이 액면가액과 발행가액의 차액을 각각 사채할인발행차금, 사채할증발행차금이라고 한다. 사채할인발행차금은 사채의 차감적 평가계정으로 차변잔액이지만 대차대조표에 공시할 때에는 사채의 차감항목으로 기재하는데, 사채액면가액에서 사채할인발행차금을 차감한 잔액을 장부가액이라고 한다. 사채할증발행차금은 사채의 가산적 평가계정으로 대차대조표에 공시할 때에는 사채의 가산항목으로 기재하는데, 사채액면가액에서 사채할증발행차금을 가산한 금액을 장부가액이라고 한다.

사채할인발행차금 및 사채할증발행차금은 사채발행시부터 최종상환시까지 유효이자율법을 적용하여 상각 또는 환입하고 동 상각 또는 환입액은 사채이자에 가산한다. 사채이자는 사채발행시 사채권에 약정된 이자율에 따라 지급되는 이자로서 사채이자비용계정으로 처리하여 영업외비용으로 보고한다.

할인발행의 회계

(차)	현 금	xxx	(대)	사 채	xxx
	사채할인발행차금 (선급이자성격)	xxx			

사채할인발행차금의 상각시 회계

(차)	사채이자	xxx	(대)	현 금	xxx
				사채할인발행차금	xxx

할증발행의 회계

(차)	현 금	xxx	(대)	사 채	xxx
				사채할증발행차금 (선수이자성격)	xxx

사채할증발행차금의 상각시 회계

(차)	사 채 이 자	xxx	(대)	현 금	xxx
	사채할증발행차금	xxx			

(2) 사채의 상환

사채의 상환은 사채의 만기일에 액면가액을 일시에 상환하는 만기상환과, 만기일 이전 시장에서 사채를 매입하여 상환하는 만기이전 상환이 있다. 만기이전 상환의 경우에는 사채상환손익이 발생할 수 있다.

사채상환시 일시에 막대한 자금이 필요하기 때문에 이를 위하여 신사채를 차환하거나 상환기금을 마련하여 상환하게 된다. 사채의 상환기금을 마련하는 방법으로는 영업자금 중 일정액을 별도 적립하는 감채기금 설정방법과 결산기 이익처분 때 순이익의 일부를 적립하는 감채적립금 설정방법이 있다. 그리고 감채기금과 감채적립금을 동시에 설정하는 방법이 있다.

예제 10-1

(주)풍년은 2006년 1월 1일 사채 액면 ₩100,000, 사채액면이자율 8%, 이자지급일은 매년 말, 만기일시상환조건, 만기일 2008년 12월 31일인 사채를 할인발행하고 대금은 현금으로 수

취하였다. 시장이자율이 연 10%일 때, ① 사채발행시의 회계처리 ② 사채할인발행차금 상각표 작성 ③ 매년 말 회계처리를 하시오.

풀이

① 사채발행시의 회계처리

. 이자의 현재가치 = ₩8,000 X 2.48685(이자율 10% 연금현가계수) = ₩19,895

. 원금의 현재가치 = ₩100,000 X 0.75131(이자율 10% 현가계수) = ₩75,131

. 사채의 발행가액 = ₩19,895 + ₩75,131 = ₩95,026

. 사채발행시의 회계처리

(차) 현　　　금	95,026	(대) 사채	100,000
사채할인발행차금	4,974		

② 사채할인발행차금 상각표

이자지급기간	유효이자(10%)	액면이자(8%)	사채할인발행차금상각	기말장부가액
발 행 시				₩95,026
2006.12.31	₩9,503	₩8,000	₩1,503	96,529
2007.12.31	9,653	8,000	1,653	98,182
2008.12.31	9,818	8,000	1,818	100,000
계	₩28,974	₩24,000	₩4,974	

③ 매년 말 회계처리

2006년 12월 31일	(차) 이자비용	9,503	(대) 현　　　금	8,000
			사채할인발행차금	1,503
2007년 12월 31일	(차) 이자비용	9,653	(대) 현　　　금	8,000
			사채할인발행차금	1,653
2008년 12월 31일	(차) 이자비용	9,818	(대) 현　　　금	8,000
			사채할인발행차금	1,818
	(차) 사　　채	100,000	(대) 현　　　금	100,000

사채발행회사는 발행기간 동안 유효이자율법에 의하여 사채할인발행차금을 상각하여 이자비용에 포함한다. 즉, 상각표상 유효이자를 이자비용으로 인식하고 유효이자와 액면이자와의 차액은 사채할인발행차금상각으로 한다. 사채할인발행차금은 사채액면가액을 차감하는 성격의 평가계정이므로 상각금액은 사채장부가액의 증가를 의미한다. 증가된 사채장부가액을 기준으로 다음 이자지급기간의 이자비용과 사채할인발행차금상각을 체계적으로 산출한다.

2. 전환사채

사채발행시에 결정된 조건에 의하여 일정기간 경과 후 사채권자의 희망에 따라 발행회사의 보통주로 전환할 수 있는 사채를 전환사채(convertible bond: CB)라 한다. 사채권자들은 일정한 전환비율에 따른 보통주의 주당 전환가격보다 보통주의 주가가 높을 경우에는 전환사채를 보통주로 전환함으로써 자본이득을 얻을 수 있으며, 그렇지 못할 경우에는 전환하지 아니하고 계속 사채권자로 남게 된다. 전환사채는 투자자들에게 사채의 안전성과 더불어 보통주의 주가상승에 따른 자본이득까지도 얻을 수 있게 하므로 매력적인 투자대상이 될 수 있다.

이와 같이 전환사채는 투자자에게 유리하므로 기업은 전환사채를 이용하여 낮은 이자율로 사채를 발행할 수 있고 특히 현재는 영업실적이 좋지 않아 보통주발행에 의한 자본조달이 어려운 상태이지만, 미래에는 기업전망이 밝아 주가상승이 기대되는 기업에게는 전환사채가 적절한 자본조달수단이 될 수 있다.

3. 신주인수권부사채

기업이 신주를 발행할 때 이를 인수할 수 있는 권리가 부여된 사채를 신주인수권부사채(bond with warrants: BW)라 한다. 이는 전환사채와 같이 기업의 보통주에 연결된 자본조달수단이며 사채권자의 자유재량으로 그 인수여부가 결정되는 옵션의 성격을 가지고 있다.

신주인수권부사채의 발행동기는 전환사채의 경우와 비슷하다. 그러나 전환사채는 전환에 의하여 사채가 소멸되어 보통주로 전환되나, 신주인수권부사채는 사채의 형태가 그대로 존속되면서 별도의 신주를 유상으로 인수할 수 있다는 점에서 서로 다르다. 또한 기업은 전환사채의 전환을 통하여 추가적인 자본을 조달하지 못하지만, 신주인수권부사채의 신주인수로부터는 추가적인 자본을 조달할 수 있다.

4. 장기차입금

장기차입금은 대차대조표일로부터 만기가 1년 이후에 도래하는 차입금을 말한다. 그러나 장기차입금 중 기간이 경과하여 만기가 1년 이내에 도래하였을 경우에는 유동성 장기차입금이라는 계정과목으로 하여 유동부채로 표시해야 한다.

예제 10-2 다음 거래를 분개하시오.

2008년 12월 31일 결산일 현재 장기차입금 ₩1,000,000 중 ₩500,000이 2009년에 만기가 도래하다.

풀이

2008년 12월 31일 (차) 장기차입금 500,000 (대) 유동성 장기차입금 500,000
(비유동부채) (유동부채)

5. 장기충당부채

충당부채는 과거 사건이나 거래의 결과에 의한 현재의무로서, 지출의 시기 또는 금액이 불확실하지만 그 의무를 이행하기 위하여 자원이 유출될 가능성이 매우 높고 또한 당해 금액을 신뢰성 있게 추정할 수 있는 부채 중 대차대조표일로부터 1년 이후에 만기가 도래하는 부채를 말하며 퇴직급여충당부채, 판매보증충당부채 등을 들 수 있다.

① 퇴직급여충당부채

퇴직급여충당부채란 결산일 현재 전 종업원이 일시에 퇴직할 경우 지급하여야 할 퇴직금의 추계액을 말한다. 근로기준법에서는 종업원이 1년 이상 근무하다가 퇴직하는 경우 퇴직 전 1년간의 평균급여에 근속연수를 곱한 금액을 퇴직금으로 지급하도록 규정하고 있다. 이러한 퇴직금은 종업원이 이미 제공한 노동의 대가에 해당되므로 수익과 비용의 대응이라는 관점에서 종업원이 노동력을 제공한 기간에 비용으로 인식하여야 한다. 따라서 기업은 당해 종업원의 근무기간 동안에 급여의 일부로서 퇴직금예상액을 당기비용으로 인식하고 동액을 퇴직급여충당부채라는 부채로 인식하여야 한다. 그리고 실제 퇴직금 지급시에 퇴직급여충당부채와 상계시킨다.

예제 10-3 다음 거래를 분개하시오.

2008년 12월 31일 결산일 현재 전 종업원의 퇴직금추계액은 ₩480,000으로 예상되다.
2009년 11월 11일 종업원 A가 퇴직함에 따라 퇴직금 ₩140,000을 지급하다.
2009년 12월 31일 결산 현재 전 종업원의 퇴직금추계액은 ₩510,000으로 예상되다.

풀이

2008년 12월 31일	(차) 퇴 직 급 여	480,000	(대) 퇴직급여충당부채	480,000
2009년 11월 11일	(차) 퇴직급여충당부채	140,000	(대) 현 금	140,000
2009년 12월 31일	(차) 퇴 직 급 여	170,000	(대) 퇴직급여충당부채	170,000

* 퇴직급여충당부채 = ₩510,000 − (₩480,000 − ₩140,000) = ₩170,000
* 퇴직급여는 당기에 제공한 노동의 대가이므로 급여발생액을 계상한 것이며, 퇴직급여충당부채는 장기미지급급여와 유사한 성격이다.
* 결산기말 현재 퇴직금추계액을 퇴직급여와 함께 퇴직급여충당부채로 계상하고 퇴직금 지급시점에는 현금지급액을 퇴직급여충당부채에서 차감한다. 그리고 결산기말 전종업원의 퇴직금추계액과 이미 계상된 퇴직급여충당부채 잔액을 비교하여 차액을 추가로 퇴직급여충당부채로 전입한다.

② 판매보증충당부채

판매보증충당부채는 상품의 판매 후 품질보증과 관련한 사후관리 비용에 대비하여 설정한 부채이다. 판매한 상품에 대한 사후관리를 보증한 경우에는 상품이 판매된 이후에 보증비용이 발생하는데, 이러한 보증비용은 판매수익을 얻기 위하여 발생한 것이므로 수익과 비용의 대응 관점에서 상품이 판매된 회계연도에 인식해야 한다. 따라서 당기의 판매수익에 관련되어 지출할 보증비용은 전액 당기비용으로 인식하고 실제 발생한 보증비용과의 차액을 판매보증충당부채로 계상한다.

예제 10-4 다음 거래를 분개하시오.

(주)풍년은 2006년에 상품 100개를 개당 ₩10,000에 현금판매하였다. 판매된 상품은 3년 동안 상품에 하자가 있는 경우 무상으로 교환해 주기로 했다. 과거의 경험에 의하면 상품의 10%가 교환을 필요로 했으며, 실제 2006년에는 2개, 2007년에는 3개, 2008년에는 5개를 교환해 주었다. 판매보증비용은 상품 1개당 ₩3,000이 소요된다.

풀이

① 2006년 매출시 (차) 현 금 1,000,000 (대) 매 출 1,000,000

② 2006년 보증비용 발생시
(차) 판매보증비 6,000 (대) 현 금 6,000

* 2개 X ₩3,000 = ₩6,000 (당기분 보증비용)

③ 2006년 말 판매보증충당부채 설정시

(차) 판매보증비 24,000 (대) 판매보증충당부채 24,000

* (100개 X 10%-2개) X ₩3,000 = ₩24,000 (보증기간동안의 추정보증비용)

④ 2007년 보증비용 발생시

(차) 판매보증충당부채 9,000 (대) 현 금 9,000

* 3개 X ₩3,000 = ₩9,000

⑤ 2008년 보증비용 발생시
(차) 판매보증충당부채 15,000 (대) 현 금 15,000
* 5개 X ₩3,000 = ₩15,000

6. 이연법인세부채

법인세법 등의 법령에 의하여 납부하여야 할 금액이 법인세비용에 미달하는 경우 그 미달액으로, 대차대조표일로부터 1년 이후에 처리되는 것을 말한다.

7. 기 타

기타 비유동부채에는 장기성매입채무, 장기미지급금, 장기선급금, 장기선수수익, 장기미지급비용 등이 있다.

- 장기성매입채무 : 유동부채에 속하지 아니하는 일반적 상거래에서 발생한 장기의 외상매입금 및 지급어음을 말한다.
- 장기미지급금 : 일반적 상거래 이외에서 발생한 채무(장기미지급비용은 제외)로서 대차대조표일로부터 만기가 1년 이후에 도래하는 것을 말한다.
- 장기선수금 : 상거래에서 발생한 선수액 중 대차대조표일로부터 만기가 1년 이후에 도래하는 것을 말한다.
- 장기선수수익 : 선수수익 중 대차대조표일로부터 만기가 1년 이후에 도래하는 것을 말한다.
- 장기미지급비용 : 미지급비용 중 대차대조표일로부터 만기가 1년 이후에 도래하는 것을 말한다.

제11장

자 본

제 11 장
자 본

자본(capital)이란 자산총액에서 부채총액을 차감한 잔여액 또는 순자산으로서, 기업의 자산에 대한 소유주의 지분 또는 주주지분을 말한다. 기업회계기준에서는 자본을 발생원천에 따라서 자본금, 자본잉여금, 자본조정, 기타포괄손익누계액, 이익잉여금으로 분류하고 있다.

제1절 자 본 금

자본금이란 법정자본금(법률에 의하여 정해진 납입자본금)을 의미한다. 즉, 기업이 발행한 주식의 액면가 총액으로, 1주당 액면가액에 실제 발행주식수를 곱하여 계산된 금액이다. 자본금은 보통주자본금과 우선주자본금으로 구분하여 표시한다. 보통주와 우선주는 배당금 지급 및 청산시의 권리가 상이하기 때문에 자본금을 구분하여 표시한다.

자본금 = 발행주식수 X 주식액면금액

보통주와 우선주

주식(stock)이란 주식회사가 발행한 출자증권으로 필요한 자본을 조달하기 위하여 발행된 유가증권을 말하며, 주식의 소유자를 주주(stockholder)라고 한다. 주식은 크게 보통주와 우선주로 구분된다.

보통주(common stock)는 상법에 규정되어 있는 주주의 가장 일반적인 권리(의결권 등)를 갖는 주식을 말하며, 우선주(preferred stock)는 특정사항(이익배당, 잔여재산 분배 등)에 대하여 보통주보다 우선적인 권리를 갖는 주식으로서 일반적으로 주주총회에서의 의결권이 없는 주식을 말한다.

보통주자본금이란 기업이 발행한 보통주의 주식수에 주식액면금액을 곱한 금액을 말하며, 우선주자본금이란 기업이 발행한 우선주의 주식수에 주식액면금액을 곱한 금액을 말한다.

보통주자본금 = 보통주 발행주식수 X 주식액면금액
우선주자본금 = 우선주 발행주식수 X 주식액면금액

예를 들어, 1월 1일 보통주 1,000주와 우선주 500주를 액면가 ₩5,000으로 각각 발행, 납입받아 당좌예금 하였을 경우 회계처리와 대차대조표의 공시는 다음과 같다.

1월 1일 (차) 당좌예금	7,500,000	(대) 보통주자본금	5,000,000
		우선주자본금	2,500,000

* 보통주자본금 = 보통주 발행주식수 X 주식액면금액
= 1,000주 X ₩5,000
= ₩5,000,000

* 우선주자본금 = 우선주 발행주식수 X 주식액면금액
= 500주 X ₩5,000
= ₩2,500,000

대차대조표

	· · 자 본 자 본 금 보통주자본금 5,000,000 우선주자본금 2,500,000

제2절 자본잉여금

자본잉여금이란 주식발행에 의한 주식의 납입, 증자나 감자 등 주주와의 자본거래에 의하여 자본을 증가시키는 잉여금을 말한다. 자본잉여금은 주식발행초과금과 기타자본잉여금으로 구분하여 표시한다.

1. 주식발행초과금

주식발행초과금이란 주식회사가 신규로 주식을 발행할 때 주식의 발행가액이 액면가액을 초과할 경우의 초과액을 말한다. 즉, 액면가액을 초과하여 주식을 발행한 경우에 주주의 납입자본 중 자본금을 초과한 부분을 주식발행초과금이라고 한다.

예를 들어, 5월 5일 1주당 액면가액 ₩5,000인 주식 10,000주를 1주당 ₩6,000에 발행하였다면 회계처리는 다음과 같다.

5월 5일	(차) 현　　금	60,000,000	(대)	자본금	50,000,000
				주식발행초과금	10,000,000

2. 기타자본잉여금

(1) 감자차익

감자란 주식을 소각하여 자본금을 감소시키는 것을 말한다. 감자차익은 자본의 감소에 의하여 발생하는 것으로서 실질적 감자의 경우에는 감소되는 자본이 주주에게 반환되는 금액을 초과하는 금액을 말하며, 형식적 감자의 경우에는 자본의 감소액이 결손에 충당시킨 금액을 초과하는 금액을 말한다.

예를 들어, 1월 2일 자본금 ₩5,000을 감소시키고 감자대가 ₩4,000을 주주에게 현금으로 지급한 경우 회계처리는 다음과 같다.

1월 2일	(차) 자본금	5,000	(대)	현　　금	4,000
				감자차익	1,000

(2) 자기주식처분이익

자기주식처분이익이란 자기주식(자사주)을 소각하지 않고 다시 매각하는 경우, 자기주식의 처분가액이 취득원가를 초과한 경우 그 초과액을 말한다.

예를 들어, 9월 1일 ₩6,000에 취득한 자기주식을 10월 1일 ₩7,000에 매각하였다면 회계처리는 다음과 같다.

10월 1일	(차) 현　　금	7,000	(대)	자기주식	6,000
				자기주식처분이익	1,000

제3절 자본조정

자본조정이란 자본에 대해 가산하거나 차감하는 방식으로 이를 조정하는 항목을 말한다. 즉, 자본조정은 당해 항목의 성격으로 보아 주주와의 자본거래에 해당하나 최종적으로 기업에 납입된 자본으로 볼 수 없거나, 자본의 가감 성격으로 자본금이나 자본잉여금으로 분류할 수 없는 항목을 말하며 주식할인발행차금, 감자차손, 자기주식, 자기주식처분손실 등을 들 수 있다.

1. 주식할인발행차금

회사가 주식을 발행할 때 발행가액이 액면가액을 미달하는 경우 그 미달액을 주식할인발행차금이라고 한다. 예를 들어, 액면가액 ₩5,000인 주식을 ₩3,000에 발행하면 액면가액 ₩5,000은 자본금으로 처리하고, 이에 미달하는 ₩2,000은 주식할인발행차금으로 회계처리 한다.

2. 감자차손

주주에게 감자대가를 지불하고 자본금을 감소시키는 경우 감소된 자본금이 감자대가에 미달하는 경우 그 미달금액을 감자차손이라고 한다.

예를 들어, 9월 1일 자본금 ₩5,000을 감소시키고 감자대가 ₩6,000을 주주에게 현금으로 지급하였다면 회계처리는 다음과 같다.

9월 1일 (차) 자 본 금	5,000	(대) 현	금	6,000
감자차손	1,000			

3. 자기주식

자기주식이란 회사가 이미 발행한 자기회사의 주식을 주주로부터 매입 또는 증여 등의 방법을 통해 재취득한 주식을 말한다.

예를 들어, 3월 3일 자기주식을 ₩10,000에 현금으로 구입하였다면 회계처리는 다음과 같다.

3월 3일 (차) 자기주식	10,000	(대) 현	금	10,000

4. 자기주식처분손실

자기주식처분손실은 회사가 보유하고 있는 자기주식을 취득원가 이하로 매각하는 경우 그 차액을 말한다.

예를 들어, ₩10,000에 취득한 자기주식을 4월 1일 ₩7,000에 매각하였다면 회계처리는 다음과 같다.

4월 1일	(차) 현 금	7,000	(대)	자기주식	10,000
	자기주식처분손실	3,000			

제4절 기타포괄손익누계액

기타포괄손익누계액이란 손익거래 중 당기순손익의 계산에 포함되지 않은 손익의 잔액을 의미하는 것으로 매도가능증권평가손익을 그 대표적인 예로 들 수 있다.

매도가능증권평가손익은 매도가능증권을 시가법에 의하여 평가하는 경우 그 평가손익을 말하며, 매도가능증권에서 발생한 미실현보유손익에 대한 정보를 정보이용자에게 공시하고, 이를 평가시점이 아닌 매각시점이 속하는 시점의 손익에 반영하기 위하여 자본항목으로 분류한다.

제5절 이익잉여금

이익잉여금은 기업이 설립된 시점에서부터 영업을 통해 벌어들인 순이익 중 주주에게 배당금으로 지급되거나 다른 형태의 자본으로 전환되지 않은 부분의 누적액이다. 즉, 이익잉여금이란 기업의 영업활동 등의 결과 창출된 순이익 중 사외로 유출되지 않고 사내에 유보된 금액을 말한다. 이익잉여금은 법정적립금, 임의적립금 및 미처분이익잉여금(또는 미처리결손금)으로 분류된다

1. 법정적립금

법정적립금은 상법이나 증권거래법 등의 법규에 따라 기업 내부에 의무적으

로 적립해야 하는 금액으로 이익준비금, 재무구조개선적립금 등을 들 수 있다.

(1) 이익준비금

이익준비금은 상법 규정에 따라 적립한 법정적립금으로서, 회사가 금전배당을 하는 경우 이익준비금의 잔액이 자본금의 1/2에 달할 때까지 금전배당액의 1/10 이상을 적립한 금액을 말한다.

(2) 재무구조개선적립금

재무구조개선적립금은 증권거래법의 규정에 따라 상장법인 등이 투자자를 보호하고 재무구조를 개선할 목적으로 적립하는 법정적립금을 말한다.

2. 임의적립금

임의적립금은 법령이 아닌 정관의 규정 또는 주주총회의 결의에 따라 기업이 임의적으로 적립한 적립금으로 사업확장적립금, 감채적립금, 배당평균적립금, 결손보전적립금 등이 있다.

3. 미처분이익잉여금(미처리결손금)

미처분이익잉여금은 결산기말 현재 처분하지 않고 차기에 이월된 이익잉여금에 당기순이익을 합한 금액을 말한다. 만약 적자를 기록함으로써 미처분이익잉여금이 마이너스로 계산되면 이는 미처리결손금으로 표시한다.

당기순이익의 대체와 이익처분에 관한 회계처리

① 결산시

결산시에 당기순이익이 결정되면 이를 미처분이익잉여금계정으로 대체한다. 따라서 이 분개를 한 후의 미처분이익잉여금잔액은 당기초에 주주총회에서 승인된 이익처분액을 차감한 후의 이익잉여금에 당기순이익을 합한 금액이 된다.

(차) 집합손익	xxx	(대) 미처분이익잉여금	xxx
(당기순이익의 대체)			

② 다음 회계연도 주주총회 승인시

주주총회에서 주주에게 지급할 배당금과 법정적립금, 임의적립금의 적립 등 이익처분 내역이 승인되면 미처분이익잉여금에서 동 이익처분액을 차감한다.

(차) 미처분이익잉여금	xxx	(대) 미지급배당금	xxx
		법정적립금	xxx
		임의적립금	xxx

* 미처분이익잉여금이란 기업이 벌어 들인 이익 중 배당금이나 다른 잉여금으로 처분되지 않고 남아 있는 이익잉여금을 말한다. 기업이 영업활동에서 벌어들인 이익은 주주에게 배당금으로 분배되거나, 미래에 예기치 못한 손실에 대비할 목적으로 또는 기업의 시설규모 확장을 위하여 유보되기도 하며, 상법 등의 법률에 의하여 강제적으로 일정금액이 적립되기도 한다.

우리나라의 경우 한 회계연도의 재무제표를 승인하고 이익잉여금의 처분을 확정하는 정기주주총회는 그 다음 회계연도 초에 개최되므로 이익잉여금의 처분(결손금의 처리)에 관한 회계처리는 다음 회계연도 주주총회에서 승인을 받은 뒤에 행해진다. 따라서 계정마감 후 대차대조표상 미처분이익잉여금의 잔액은 당기순이익을 포함하고 이익처분을 반영하지 않는다. 이익처분에 대한 회계처리는 주주총회 결의일에 이루어지며 대차대조표에는 이익처분 전의 재무상태를 표시한다.

예를 들어, 20x8년초에 설립한 (주)하나 (결산일 12월 31일)의 이익잉여금의 변동과 관련된 자료가 다음과 같을 때의 회계처리를 예시하면 다음과 같다.

(1) 20x8년초에 영업을 시작하여 당기순이익 ₩1,000,000을 보고하다.
(2) 20x9년 2월 15일 정기주주총회에서 이익잉여금을 다음과 같이 처분하기로 결의하다.

. 이익준비금의 적립 ₩50,000
. 임의적립금의 적립 ₩200,000
. 현금배당 ₩500,000

(3) 20x9년 3월 15일 배당금 ₩500,000을 현금지급하다.
(4) 20x9년에 당기순이익 ₩1,500,000을 보고하다.

〈일자별 회계처리〉

20x8. 12. 31	(차) 집합손익	1,000,000	(대) 미처분이익잉여금	1,000,000
20x9. 2. 15	(차) 미처분이익잉여금	750,000	(대) 법정적립금	50,000
			임의적립금	200,000
			미지급배당금	500,000

20x9. 3. 15 (차) 미지급배당금 500,000 (대) 현 금 500,000
20x9. 12. 31 (차) 집합손익 1,500,000 (대) 미처분이익잉여금 1,500,000

한편, 미처리결손금이란 기업이 결손을 보고한 경우에 보고된 결손금 중 다른 잉여금으로 보전되지 않고 이월된 부분을 말한다. 즉, 미처리결손금은 전기이월미처분이익잉여금(전기이월미처리결손금)의 기초잔액에 당기순손익을 가감한 금액을 말한다. 예를 들어, 전기이월미처분이익잉여금이 ₩50,000인데 당기순손실이 ₩60,000인 경우에는 미처리결손금이 ₩10,000이 되며 반대로 전기이월미처리결손금이 ₩80,000인데 당기순이익이 ₩50,000이라면 미처리결손금은 ₩30,000이 된다.
예를 들어, (주)하나는 20x8년에 당기순손실 ₩100,000이 발생하여 임의적립금 ₩30,000을 이입하고 20x9년 2월 15일 정기주주총회에서 결손금을 처리하기로 하였다면 회계처리는 다음과 같다. 단, 전기이월미처분이익잉여금의 잔액은 ₩70,000이다.

20x8년 12월 31일 (차) 미처분이익잉여금 70,000 (대) 집합손익 100,000
미처리결손금 30,000
20x9년 2월 15일 (차) 임의적립금 30,000 (대) 미처리결손금 30,000

제12장

결산정리와 정산표

제 12 장 결산정리와 정산표

제1절 결산정리

회계기간 중에 거래가 발생하면 분개와 전기가 이루어지고, 결산이 시작되면 총계정원장의 각 계정을 토대로 시산표를 작성하여 시산표의 차변합계와 대변합계의 일치여부를 확인한 후 계정의 마감과 재무제표를 작성하게 된다. 그러나 시산표의 차변합계와 대변합계가 일치된다고 하여 곧바로 계정마감과 재무제표를 작성할 수는 없다. 그 이유는 총계정원장의 각 계정의 잔액이 올바른 금액이 아닌 경우가 있기 때문이다. 즉, 대차대조표에는 기말 결산시점에서 나타난 자산, 부채, 자본의 실제가치금액을 표시해야 하는데, 이들 자산, 부채, 자본 중 일부 계정의 잔액은 기말 현재 실제가치금액과 다른 경우가 있다. 그러므로 결산일 현재의 적정한 재무상태를 표시하기 위해서는 이들 계정의 장부가액을 기말의 실제가치금액으로 수정하여야 한다. 또한 손익계산서에는 당기에 발생한 수익과 비용만을 표시해야 하는데, 수익과 비용 중 일부 계정의 잔액에는 차기에 속하는 금액이 포함되어 있거나 또는 당기에 발생했음에도 해당 계정에 기입하지 않은 경우가 있다. 따라서 전자의 경우에는 차기에 속하는 금액을 해당계정에서 차감하고, 후자의 경우에는 당기에 발생한 금액을 해당계정에 기입하여야만 당해 회계기간 동안의 경영성과를 적정하게 표시할 수가 있다.

이와 같이 결산시에 기업의 재무상태와 경영성과를 적정하게 표시하기 위하여 총계정원장의 계정잔액을 기말 현재의 실제가치 또는 실제발생액에 일치시키는 절차를 결산정리라고 한다. 이를 위한 각 계정의 여러 가지 기입을 정리기입이라 하고, 정리기입을 위하여 행하는 분개를 결산정리분개 또는 계정의 잔액을 수정하기 위한 분개임으로 결산수정분개라고도 한다.

만약, 결산정리분개를 한다면 결산정리사항을 분개장(또는 전표)에 분개하고, 이를 총계정원장에 전기한 뒤에 결산정리사항을 반영한 후의 총계정원장

잔액을 토대로 수정후시산표를 작성해야 하며, 이를 기초로 하여 대차대조표와 손익계산서를 작성하게 된다.

결산시에 수행하는 결산정리는 매출원가의 계산을 비롯하여 자산 원가의 배분, 자산·부채의 평가 및 손익의 결산정리 등이 있다.

1. 매출원가의 계산

상품매출손익을 계산하기 위하여 기말상품재고액을 파악한 후 매출원가를 계산한다. 매출원가는 기초상품재고액에 당기상품매입액을 가산하고 기말상품재고액을 차감하여 산출하며, 결산정리분개는 다음과 같다.

12월 31일	(차) 매출원가	xxx	(대) 상 품(기초)	xxx
12월 31일	(차) 매출원가	xxx	(대) 매 입	xxx
12월 31일	(차) 상 품(기말)	xxx	(대) 매출원가	xxx

예제 12-1

(주)월드의 기초상품은 ₩100,000이며, 당기상품매입액은 ₩5,000,000이고, 기말상품재고액이 ₩500,000이라고 할 때, 매출원가를 산출하기 위한 결산정리분개를 하시오.

풀이

12월 31일	(차) 매출원가	100,000	(대) 상 품(기초)	100,000
12월 31일	(차) 매출원가	5,000,000	(대) 매 입	5,000,000
12월 31일	(차) 상 품(기말)	500,000	(대) 매출원가	500,000

2. 자산 원가의 배분

토지와 건설중인자산을 제외한 유형자산은 사용 또는 시일이 경과함에 따라 그 가치가 점차 감소되는데, 이는 일정기간의 수익창출활동에 기여하였기 때문이다. 따라서 결산시에 당기에 발생한 가치감소분을 추정하여 해당 기간의 비용으로 계상하는 동시에 유형자산의 장부가액을 그만큼 감액시켜야 한다. 이 때 비용으로 계상되는 금액은 차변에 감가상각비로 처리하고 대변에는 감가상각누계액계정을 사용한다.

한편, 무형자산은 미래의 경제적 효익에 대한 불확실성이 높기 때문에 감가상각누계액계정을 사용하지 않고 직접법에 의하여 해당 무형자산에서 직접 차감하고, 상각액을 차감한 잔액을 대차대조표에 표시한다.

12월 31일 (차) 감가상각비 xxx (대) 감가상각누계액 xxx
12월 31일 (차) 무형자산상각비 xxx (대) 해당 무형자산 xxx

예제 12-2

(주)월드는 2008년 1월 1일 취득원가 ₩5,000,000, 잔존가액 ₩500,000, 내용연수 5년인 차량을 구입하여 정액법으로 감가상각할 경우, 결산시 원가배분을 위한 결산정리분개를 하시오.

풀이

12월 31일 (차) 감가상각비 900,000 (대) 감가상각누계액 900,000

(₩5,000,000 − ₩500,000) * 5년 = ₩900,000

예제 12-3

(주)월드의 특허권에 대한 상각액이 ₩1,000,000일 경우 결산정리분개를 하시오.

풀이

12월 31일 (차) 무형자산상각비 1,000,000 (대) 특허권 1,000,000

3. 자산 · 부채의 평가

자산이나 부채는 원칙적으로 취득원가로 평가한다. 그러나 기업이 보유하고 있는 자산 중 매각을 전제로 보유하고 있는 자산과 화폐청구권을 나타내는 자산이나 부채는 결산기말 현재의 공정가액 또는 화폐금액으로 평가하여야 한다. 매각을 전제로 하는 자산 등은 공정가액을 제공하는 것이 정보이용자들에게 보다 유용한 정보가 될 것이기 때문이다. 이러한 사항의 예로는 유가증권의 평가, 수취채권의 평가 및 퇴직급여충당부채의 평가 등이 있다.

예제 12-4

(주)월드는 2008년 말 보유중인 단기매매증권 ₩100,000을 공정가액 ₩110,000 (또는 ₩90,000)으로 평가한다고 할 때, 결산정리분개를 하시오.

풀이

12월 31일 (차) 단기매매증권 10,000 (대) 단기매매증권평가이익 10,000
12월 31일 (차) 단기매매증권평가손실 10,000 (대) 단기매매증권 10,000

예제 12-5

(주)월드는 2008년 12월 31일 현재 매출채권 잔액이 ₩5,000,000으로 이 중 2%를 대손으로 추정하였다고 할 때, 결산정리분개를 하시오.

풀이

12월 31일 (차) 대손상각비 100,000 (대) 대손충당금 100,000
* ₩5,000,000 X 2% = ₩100,000

예제 12-6

(주)월드는 2008년 결산기 말 현재 총 퇴직금추계액으로 ₩10,000,000을 예상하였다고 할 때, 결산정리분개를 하시오 (단, 결산기 말 현재 퇴직급여충당부채 잔액은 ₩9,500,000이다).

풀이

12월 31일 (차) 퇴직급여 500,000 (대) 퇴직급여충당부채 500,000

4. 손익의 결산정리

수익과 비용으로서 기중에 현금으로 주고 받은 금액 중에는 차기에 속하는 수익이나 비용이 포함되어 있는 경우가 있다. 반대로 실제 현금의 수입과 지출이 당기에 없었다 하더라도 당기에 발생한 것으로 보아야 할 수익이나 비용도 있을 것이다. 즉, 수정전시산표에 나타난 수익과 비용계정의 잔액은 당기에 발생한 수익과 비용을 정확하게 나타낸다고 볼 수 없으므로 기간손익을 정확히 계산하기 위해서는 이들 계정금액을 가감조정 하여야 하는데, 이것을 수익과 비용의 결산정리 또는 손익의 결산정리라고 한다. 수익과 비용의 결산정리에는 수익·비용의 이연과 수익·비용의 예상이 있다.

(1) 수익과 비용의 이연

당기에 이미 현금으로 주고 받아 총계정원장의 각 계정에 기입된 수익과 비용이라 할지라도 차기에 속하는 부분이 포함되어 있으면 이를 차기로 이월하는 한편 당기의 수익과 비용계정에서 차감하여야 하는데 이를 수익과 비용의 이연이라고 한다. 수익과 비용의 이연은 수익의 이연과 비용의 이연으로 구분된다.

① 수익의 이연

당기에 수익으로서 이미 현금으로 받은 금액 중 당기의 수익이 아니고 차기의 수익에 속하는 것이 있는데 이것을 선수수익이라고 한다. 즉, 선수수익은 이미 수취한 수익 중 당기에 속하지 아니하는 수익으로 차기로 이연시켜야 할 수익을 말한다. 이러한 선수수익은 차기에 속하는 수익이므로 당기의 수익에서 차감하여 차기로 이월해야 한다.

따라서 결산일에 선수된 수익을 당해 수익계정의 차변에 기입하여 차감하는 동시에 부채계정인 선수수익계정 대변에 기입하기 위한 결산정리분개를 하여야 한다.

12월 31일	(차) 해당 수익계정	xxx	(대) 선수수익	xxx

예제 12-7 (주)한국은 20x8년 5월 1일 건물에 대한 1년분 임대료 ₩12,000을 현금으로 받았다. 회계기간이 매년 1월 1일부터 12월 31일까지라고 할 경우 결산정리분개를 하시오.

풀이

㉠ 기중거래분개

20x8. 5.1	(차) 현 금	12,000	(대) 임대료	12,000

수정전시산표

차변	대변
현 금 12,000	임 대 료 12,000

㉡ 결산정리분개

당기에 ₩12,000원의 임대료를 받았다 하여도 당기에 속하는 임대료는 ₩8,000이며(₩12,000/12×8=₩8,000), ₩4,000은 차기에 속하는 임대료이다. 따라서 결산시 현금으로 수취한 ₩12,000 중 ₩4,000을 차감하여 선수수익(또는 선수임대료)으로 대체하여야 한다. 이러한 선수수익에는 선수임대료 이외에도 선수이자, 선수수수료 등이 있다.

20x8.12.31	(차) 임대료	4,000	(대) 선수임대료	4,000

당 기 수 입 액 (1년분 ₩12,000)											
5	6	7	8	9	10	11	12	1	2	3	4
당 기 분 (경 과 분 : ₩8,000)								차기분 (미경과분 : ₩4,000)			

수정후시산표

차변		대변	
현 금	12,000	임 대 료	8,000
		선수임대료	4,000

㉢ 대차대조표와 손익계산서

대차대조표

	·
	선수임대료 4,000
	·

손익계산서

	·
	임대료 8,000
	·

② 비용의 이연

당기에 비용으로서 이미 현금을 지급한 금액 중 당기의 비용이 아니고 차기의 비용에 속하는 것이 있는데 이것을 선급비용이라 한다. 즉, 선급비용은 당기에 이미 지급한 비용 중 당기의 비용에 속하지 않는 것으로 차기로 이연시켜야 할 비용을 말한다. 이러한 선급비용은 차기에 속하는 비용이므로 당기의 비용에서 차감하여 차기로 이월해야 한다.

따라서 결산일에 선급된 비용을 당해 비용계정의 대변에 기입하여 차감하는 동시에 자산계정인 선급비용계정 차변에 기입하기 위한 결산정리분개를 하여야 한다.

12월 31일	(차) 선급비용	xxx	(대) 해당 비용계정	xxx

예제 12-8 (주)한국은 20x8년 5월 1일 사무실에 대한 임차료 1년분 ₩12,000을 현금으로 지급하였다. 회계기간이 매년 1월 1일부터 12월 31일까지라고 할 경우 결산정리분개를 하시오.

풀이

㉠ 기중거래분개

20x8. 5.1	(차) 임차료	12,000	(대) 현 금	12,000

수정전시산표

임차료	12,000	
·		

㉡ 결산정리분개

당기에 ₩12,000원의 임차료를 지급하였다 하여도 당기에 속하는 임차료는 ₩8,000 (₩12,000/12×8=₩8,000)이며, ₩4,000은 차기에 속하는 임차료이다. 따라서 결산시 현금으로 지급한 ₩12,000 중 ₩4,000을 차감하여 선급비용(또는 선급임차료)으로 대체하여야 한다. 이러한 선급비용에는 선급임차료 이외에도 선급이자, 선급보험료 등이 있다.

20x8.12.31 (차) 선급임차료 4,000 (대) 임차료 4,000

당 기 지 급 액 (1년분 ₩12,000)											
5	6	7	8	9	10	11	12	1	2	3	4
당 기 분 (경 과 분 : ₩8,000)								차 기 분 (미경과분 : ₩4,000)			

수정후시산표

·		
선급임차료	4,000	
임 차 료	8,000	

㉢ 대차대조표와 손익계산서

대차대조표

·		
선급임차료	4,000	
·		

손익계산서

·		
임 차 료	8,000	
·		

(2) 수익과 비용의 예상

당기에 수익 또는 비용이 발생하였지만 아직 현금의 수취나 지급이 없어서 당기의 수익이나 비용으로 포함되지 않은 부분이 있으면 이를 당기의 수익이나 비용으로 계상하는 한편, 차기의 수익이나 비용에 계상되지 않도록 처리해야 하는데 이를 수익과 비용의 예상이라고 한다. 수익과 비용의 예상은 수익의 예상과 비용의 예상으로 구분된다.

① 수익의 예상

당기수익으로 이미 발생하였으나 아직 현금으로 받지 못한 수익을 미수수익이라고 한다. 즉, 미수수익은 회계기말 현재 수익은 이미 실현되었으나 현금의 수취는 이루어지지 않은 수익을 말한다. 이것은 실현된 수익이기 때문에 당기의 수익으로 인식하여야 한다.

따라서 결산일에 미수수익은 당해 수익계정 대변에 기입함과 동시에 미수수익이라는 자산계정을 설정하여 그 계정 차변에 기입하기 위한 결산정리분개를 하여야 한다.

예제 12-9 20x8년 4월 1일 현금 ₩1,000,000을 연이자율 6%, 1년 후 원금 및 이자지급조건으로 대여하다. 결산정리분개를 하시오.

풀이

① 기중거래분개

20x8. 4. 1 (차) 대여금 1,000,000 (대) 현 금 1,000,000

수정전시산표

대 여 금	1,000,000	이자수익	0

② 결산정리분개

20x9년 3월 31일에 대여금에 대한 이자 ₩60,000을 수취하게 되지만, ₩60,000 중 ₩45,000은 20x8년에 발생한 이자이므로 ₩45,000을 20x8년의 이자수익으로 계상하고 동액만큼을 미수수익(또는 미수이자)으로 처리하여야 한다. 이러한 미수수익에는 미수이자 이외에도 미수임대료, 미수수수료 등이 있다.

20x8.12.31 (차) 미수이자 45,000 (대) 이자수익 45,000

*₩1,000,000×6%×9/12=₩45,000

당기 이자 미수액 (9개월분 ₩ 45,000)									차기 이자수익(3개월분 ₩15,000		
4	5	6	7	8	9	10	11	12	1	2	3
								결산일			

수정후시산표

대 여 금	1,000,000		
미수이자	45,000	이자수익	45,000

③ 대차대조표와 손익계산서

대차대조표	
대 여 금 1,000,000	
미수이자 45,000	
·	

손익계산서	
	이자수익 45,000
	·
	·

② 비용의 예상

당기비용으로 이미 발생하였으나 아직 지급기일이 도래하지 않아 현금으로 지급하지 못한 비용을 미지급비용이라고 한다. 즉, 미지급비용은 회계기말 현재 비용은 이미 발생되었지만 아직 현금으로 지급되지 않은 비용을 말한다. 미지급비용은 당기에 발생한 비용이므로 당기의 비용으로 인식하여야 한다.

따라서 결산일에 미지급비용은 당해 비용계정 차변에 기입함과 동시에 미지급비용이라는 부채계정을 설정하여 그 계정 대변에 기입하기 위한 결산정리분개를 하여야 한다.

예제 12-10 20x8년 4월 1일 현금 ₩1,000,000을 연이자율 12%, 1년 후 원금 및 이자 일시상환조건으로 차입하다. 결산정리분개를 하시오.

풀이

① 기중거래분개

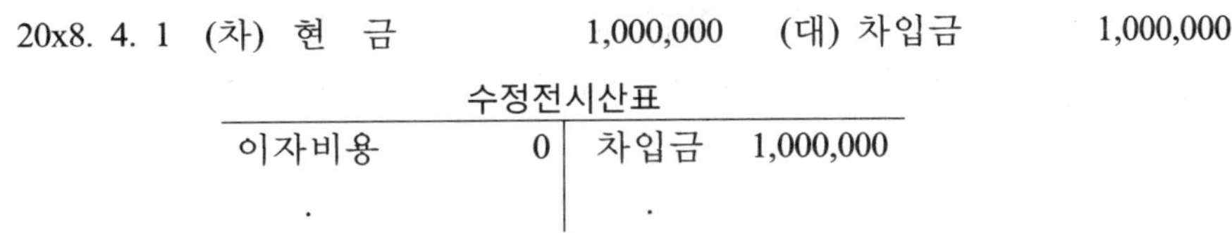

20x8. 4. 1 (차) 현 금 1,000,000 (대) 차입금 1,000,000

수정전시산표	
이자비용 0	차입금 1,000,000
·	·

② 결산정리분개

20x9년 3월 31일에 차입금에 대한 이자로 ₩120,000을 지급하게 되지만, 이 중 ₩90,000은 20x8년에 발생한 이자이므로 ₩90,000을 20x8년의 이자비용으로 계상하고 동액만큼을 미지급비용(또는 미지급이자)으로 처리하여야 한다. 이러한 미지급비용에는 미지급이자 이외에도 미지급임대료, 미지급수수료, 미지급급여, 미지급세금과공과 등이 있다.

20x8.12.31 (차) 이자비용 90,000 (대) 미지급이자 90,000

*₩1,000,000×12%×9/12=₩90,000

당기 이자 미지급액 (9개월분 ₩ 90,000)									차기 이자비용		
4	5	6	7	8	9	10	11	12	1	2	3
								결산일			

수정후시산표

차변		대변	
이자비용	90,000	차 입 금	1,000,000
·		미지급이자	90,000

③ 대차대조표와 손익계산서

대차대조표

차변		대변	
		차 입 금	1,000,000
		미지급이자	90,000
		·	

손익계산서

차변		대변	
이자비용	90,000		

(3) 소모품의 정리

소모품이란 문방구, 청소용품, 사무용품 등과 같이 쓰면 쓸수록 닳아 없어지거나 못 쓰게 되는 물품으로서 영업활동에 사용할 목적으로 구입하여 소비한다.

소모품은 구입시 자산으로 처리하였다가 소비되는 시점에 소비된 금액을 비용으로 인식하는 것이 원칙이다. 그러나 구입시점으로부터 단기간에 소비되는 소모품에 대하여 소비시점마다 비용처리 하는 것은 비효율적이므로 회계기간 중 소모품의 구입에 대해서만 회계처리 하고 결산시 미사용금액을 파악하여 소모품비와 소모품잔액을 결정하는 것이 일반적인 회계관행이다. 또한 소모품은 자산으로 분류하여 관리할 만큼 중요한 금액이 아니고 보유기간이 매우 짧으므로 구입시 비용으로 처리하였다가 결산시 미사용금액을 자산으로 처리할 수도 있다.

① 구입시 자산계정으로 처리하는 방법

구입시에 소모품이라는 자산으로 처리하고, 결산시에 당기의 소비분을 소모품비라는 비용으로 처리하는 방법이다.

▸ 구입시 : (차) 소모품 xxx (대) 현 금 xxx

▸ 결산시 : 사용액을 비용처리한다.

(차) 소모품비 xxx (대) 소모품xxx

예제 12-11 (주)한사랑은 20x8년 8월 1일에 사무용 소모품 ₩30,000을 현금으로 구입하고 구입즉시 자산처리 하였다. 12월 31일 결산시에 소모품을 조사한 결과 ₩9,000의 미사용분이 있음을 발견하였다.

풀이

20x8. 8. 1	(차) 소 모 품	30,000	(대) 현 금	30,000
20x8. 12.31	(차) 소모품비	21,000	(대) 소모품	21,000

② 구입시 비용계정으로 처리하는 방법

구입시에 소모품비라는 비용으로 처리하고, 결산시에 미사용분을 소모품이라는 자산으로 처리하는 방법이다.

▸ 구입시 : (차) 소모품비 xxx (대) 현 금 xxx

▸ 결산시 : 미사용액을 소모품이라는 자산계정으로 대체하고 동액을 소모품비라는 비용계정으로 대체한다.
(차) 소모품 xxx (대) 소모품비 xxx

예제 12-12 (주) 한사랑은 20x8년 8월 1일에 사무용 소모품 ₩30,000을 현금으로 구입하고 구입즉시 비용처리 하였다. 12월 31일 결산시에 소모품을 조사한 결과 ₩9,000의 미사용분이 있음을 발견하였다.

풀이

20x8. 8. 1	(차) 소모품비	30,000	(대) 현 금	30,000
20x8.12.31	(차) 소 모 품	9,000	(대) 소모품비	9,000

예제 12-13 A기업의 수정전 잔액시산표에 소모품 ₩135,000원, 소모품비 0원이 기록되어 있다. 소모품의 기말재고가 ₩60,000원이라면, 필요한 결산정리분개를 하시오.

풀이

12월 31일	(차) 소모품비	75,000	(대) 소모품	75,000

5. 기 타

기타의 결산정리로는 현금과부족 및 가수금·가지급금의 정리 등을 들 수 있다. 현금과부족계정은 임시계정이므로 현금계정의 잔액과 시재액의 차이에 대한 원인이 결산시까지 밝혀지지 않았을 경우에는 부족액을 잡손실로, 과잉액을 잡이익으로 처리한다.

▶부족시 : (차) 현금과부족	xxx	(대) 현 금	xxx
▶결산시 : (차) 잡 손 실	xxx	(대) 현금과부족	xxx
▶과잉시 : (차) 현 금	xxx	(대) 현금과부족	xxx
▶결산시 : (차) 현금과부족	xxx	(대) 잡 이 익	xxx

또한 가수금과 가지급금계정은 미결산항목이므로 결산시에 반드시 그 내역을 밝혀야 한다. 가수금과 가지급금은 불분명한 계정이므로 이 계정들을 대차대조표에 그대로 보고하면 회계정보이용자들이 이해하는데 어려움이 있게 된다.

12월 31일 (차) 해당자산계정	xxx	(대) 가 지 급 금	xxx
12월 31일 (차) 가 수 금	xxx	(대) 해당자산계정	xxx

제2절 정 산 표

결산정리사항이 없으면 잔액시산표를 작성한 후 이를 토대로 대차대조표와 손익계산서를 작성할 수 있다. 그러나 결산시 결산정리사항이 있으면 결산정리분개를 통하여 잔액시산표상의 기말 계정잔액을 수정한 후에 대차대조표와 손익계산서를 작성하여야 한다. 즉, 결산과정은 수정전시산표의 작성 → 결산정리분개 → 총계정원장에의 전기 → 수정후시산표의 작성 → 계정마감 → 대차대조표와 손익계산서의 작성 등으로 요약할 수 있다.

결산과정은 이와 같이 여러 과정을 거쳐 이루어지기 때문에 기록상의 오류가 발생할 수 있으며 또한 결산절차를 체계적이고 일목요연하게 살펴보기도 어렵다. 따라서 이러한 문제점을 해결하기 위하여 정산표를 이용하기도 한다.

정산표(work sheet: W/S)는 잔액시산표를 토대로 하여 결산정리분개 및 대차대조표와 손익계산서의 작성과정을 일목요연하게 하나의 표에 모아 놓은 것이다.

정산표는 결산절차를 보다 간편하고 정확하게 진행하기 위하여 작성하는 것이지 이를 반드시 작성하여야 하는 것은 아니다. 과거에는 많은 기업들이 정산표를 이용하여 결산을 수행하였지만, 요즈음은 컴퓨터에 의한 전산자료시스템이 많이 사용됨에 따라 계산상의 오류가 발생하지 않기 때문에 정산표를 작성하는 기업은 거의 없다.

정산표는 8위식 정산표가 많이 사용된다. 8위식이란 정산표상 표시되는 열(column)의 수, 즉 차변과 대변의 개수를 기준으로 부여한 명칭이며 필요에 따라 6위식으로 축소하거나 10위식으로 확장할 수도 있다. 정산표를 작성하는 절차는 다음과 같다.

① 수정전시산표에 있는 계정과목과 잔액의 금액을 정산표의 수정전시산표란에 그대로 옮겨 적는다.

② 결산정리사항의 분개내용을 결산정리분개란에 해당 계정과목을 찾아 차변 또는 대변에 기입하고, 계정과목이 없으면 계정과목란 하단에 추가로 발생한 계정과목을 설정하여 기입한다. 결산정리분개의 내용을 모두 기입한 후 차변합계와 대변합계가 일치하는지를 확인하여 합계란에 금액을 기입한다.

③ 결산정리분개 후 수정된 금액을 자산, 부채, 자본계정의 금액은 대차대조표란에 옮겨 적고, 수익과 비용계정의 금액은 손익계산서란에 옮겨 적는다.

④ 손익계산서상 차변(비용)과 대변(수익)의 합을 비교하여 당기순이익(또는 손실)을 산출하고 그 금액을 손익계산서 차변과 대차대조표의 대변에 각각 기입한다. 이때 대차대조표의 차변합계와 대변합계의 차이로써 구해진 당기순이익의 금액은 손익계산서란의 당기순이익의 금액과 일치해야 한다. 만일 일치하지 않으면 정산표 작성 중 오류가 있었음을 의미하므로 오류를 찾아 수정해야 한다.

예제 12-14 다음 수정전시산표와 결산정리사항을 이용하여 8위식 정산표를 작성하시오.

잔액시산표

(주)UP 2008. 12. 31

차변 과목	금액	대변 과목	금액
현금	1,110,000	차입금	417,000
외상매출금	600,000	자본금	600,000
단기매매증권	225,000	이자수익	900,000
건물	800,000	잡이익	1,000
광고선전비	36,000		
보험료	10,000		
이자비용	32,000		
급여	105,000		
	1,918,000		1,918,000

[결산정리사항]

1. 단기매매증권의 결산일 현재 시가는 ₩300,000이다.
2. 결산일 현재 지급되지 않은 급여는 ₩25,000이다.
3. 결산일 현재 미리 지급한 광고선전비는 ₩6,000이다.
4. 결산일 현재 미리 받은 이자수익은 ₩100,000이다.

풀이

[결산정리분개]

	차변	금액	대변	금액
1.	(차) 단기매매증권	75,000	(대) 단기매매증권평가이익	75,000
2.	(차) 급여	25,000	(대) 미지급급여	25,000
3.	(차) 선급광고선전비	6,000	(대) 광고선전비	6,000
4.	(차) 이자수익	100,000	(대) 선수이자	100,000

정 산 표

(주)UP 2008. 12. 31

계정과목	잔액시산표		결산정리기입		손익계산서		대차대조표	
	차 변	대 변	차 변	대 변	차 변	대 변	차 변	대 변
현 금	110,000						110,000	
외 상 매 출 금	600,000						600,000	
단 기 매 매 증 권	225,000		75,000				300,000	
건 물	800,000						800,000	
차 입 금		417,000						417,000
자 본 금		600,000						600,000
이 자 수 익		900,000	100,000			800,000		
잡 이 익		1,000				1,000		
광 고 선 전 비	36,000			6,000	30,000			
보 험 료	10,000				10,000			
이 자 비 용	32,000				32,000			
급 여	105,000		25,000		130,000			
합 계	1,918,000	1,918,000						
단기매매증권 평가이익				75,000		75,000		
미 지 급 급 여				25,000				25,000
선급광고선전비			6,000				6,000	
선 수 이 자				100,000				100,000
합 계			206,000	206,000				
당 기 순 이 익					674,000			674,000
합 계					876,000	876,000	1,816,000	1,816,000

제 13 장

재무제표의 작성

제 13 장

재무제표의 작성

제3장에서는 결산정리사항이 없는 상태에서 회계순환과정을 통해 재무제표를 작성하여 보았다. 제13장에서는 결산정리사항에 대한 결산정리분개가 있는 상태에서 회계순환과정을 통해 재무제표를 작성하여 보기로 한다. 결산정리사항에 대한 결산정리분개를 포함한 정상적인 회계순환과정을 그림으로 나타내면 다음과 같다.

<u>회 계 순 환 과 정</u>

```
거    래 →  분        개 ..... 분개장 (전표)
                ↓
            전        기 ..... 총계정원장 (T계정)
                ↓
결    산 →  수정전시산표
                ↓    ←    결산정리분개
            수정후시산표
                ↓
            계 정 마 감
                ↓
            재무제표 작성 (B/S, I/S 작성)
```

그림과 같이 회계기간 동안에는 발생한 모든 거래는 분개장(또는 전표)을 통하여 총계정원장의 각 계정에 전기된다. 그리고 결산일이 되면 결산이 시작된다. 결산은 분개장(또는 전표)에 기입된 모든 거래의 분개가 총계정원장에 정확하게 전기되었는가를 조사하기 위한 시산표(trial balance: T/B)의 작성으로부터 시작된다. 이 때 작성되는 시산표를 수정전시산표라고 한다. 총계정원장의 각 계정을 토대로 시산표를 작성하여 시산표의 차변합계와 대변합계의 일치여부를 확인한 후 계정의 마감과 재무제표를 작성하게 된다. 그러나 시산표의 차변합계와 대변합계가 일치된다고 하여 곧바로 계정마감과 재무제표를 작성할 수는 없다. 그 이유는 총계정원장 각 계정의 기말잔액은 자산·부채·자본의 현재액과 수익·비용의 당기 발생액을 정확하게 표시하고 있지는 않기 때문이다. 따라서 기업의 정확한 재무상태와 경영성과를 파악하기 위해서는 자산·부채·

자본 및 수익·비용을 수정해야 한다.

결산시에 기업의 재무상태와 경영성과를 정확하게 표시하기 위하여 총계정원장의 계정잔액을 수정하는 절차를 결산정리라고 하며, 이를 위해 행하는 분개를 결산정리분개(또는 결산수정분개)라고 한다.

만약, 결산정리분개를 한다면 결산정리사항을 분개장(또는 전표)에 분개하고, 이를 총계정원장에 전기한 뒤에 결산정리사항을 반영한 후의 총계정원장 잔액을 토대로 수정후시산표를 작성한다. 그리고 경영활동에 의한 경영성과와 재무상태를 파악하기 위하여 총계정원장 각 계정들을 마감한 후, 대차대조표 계정의 전기이월액을 집계하여 기업회계기준 양식에 의한 계정식 또는 보고식으로 대차대조표를 작성하고, 집합손익계정을 토대로 기업회계기준 양식에 의한 보고식으로 손익계산서를 작성한다.

대차대조표 작성기준

① 재무제표의 작성과 표시에 대한 책임은 경영자에게 있다.
② 대차대조표는 일정시점 현재 기업이 보유하고 있는 경제적 자원인 자산과 경제적 의무인 부채, 그리고 자본에 대한 정보를 제공하는 재무보고서이다.
③ 대차대조표의 구성요소인 자산, 부채, 자본은 각각 다음과 같이 구분한다.

* 자산은 유동자산과 비유동자산으로 구분한다. 유동자산은 당좌자산과 재고자산으로 구분하고, 비유동자산은 투자자산, 유형자산, 무형자산, 기타비유동자산으로 구분한다.
* 부채는 유동부채와 비유동부채로 구분한다.
* 자본은 자본금, 자본잉여금, 자본조정, 기타포괄손익누계액 및 이익잉여금(또는 결손금)으로 구분한다.

④ 자산과 부채는 유동성이 큰 항목부터 배열하는 것을 원칙으로 한다.
⑤ 자산은 1년을 기준으로 유동자산과 비유동자산으로 분류한다.
⑥ 부채는 1년을 기준으로 유동부채와 비유동부채로 분류한다.
⑦ 자산, 부채, 자본 중 중요한 항목은 대차대조표 본문에 별도 항목으로 구분하여 표시한다. 중요하지 않은 항목은 성격 또는 기능이 유사한 항목에 통합하여 표시할 수 있으며, 통합할 적절한 항목이 없는 경우에는 기타항목으로 통합할 수 있다. 이 경우 세부 내용은 주석으로 기재한다.

* 현금및현금성자산은 기업의 유동성 판단에 중요한 정보이므로 별도 항목으로 구분하여 표시한다.
* 매출채권에 대한 대손충당금, 유형자산에 대한 감가상각누계액 등 자산이나 부채의 가감항목을 해당 자산이나 부채에서 직접 가감하여 표시할 수 있다.

이 경우 차감한 금액을 주석으로 기재한다.

* 단기금융상품, 단기매매증권, 단기대여금 및 유동자산으로 분류되는 매도가능증권과 만기보유증권 등의 자산을 통합하여 단기투자자산으로 표시할 수 있다.
* 비유동자산으로 분류되는 매도가능증권과 만기보유증권을 통합하여 장기투자증권으로 표시할 수 있으며, 이들의 금액이 중요하지 않은 경우 기타로 공시한다.
* 건물, 구축물, 기계장치 등 감가상각대상자산은 설비자산으로 통합하여 표시할 수 있다.
* 비유동자산 중 기타는 임차보증금, 장기매출채권, 장기선급비용, 장기선급금, 장기미수금 등을 포함한다. 이들 자산은 투자수익이 없고 다른 자산으로 분류하기 어려워 기타로 통합하여 표시한다. 다만, 이들 항목이 중요한 경우에는 별도 표시한다.
* 자본금은 보통주자본금과 우선주자본금으로 구분하여 표시한다. 보통주와 우선주는 배당금 지급 및 청산시의 권리가 상이하기 때문에 자본금을 구분하여 표시한다.
* 자본잉여금은 주식발행초과금과 기타자본잉여금으로 구분하여 표시한다.
* 자본조정 중 자기주식은 별도 항목으로 구분하여 표시한다.
* 기타포괄손익누계액은 매도가능증권평가손익, 해외사업환산손익 및 현금흐름 위협회피 파생상품평가손익 등으로 구분하여 표시한다.
* 이익잉여금은 법정적립금, 임의적립금 및 미처분이익잉여금(또는 미처리결손금)으로 구분하여 표시한다.

손익계산서 작성기준

① 손익계산서는 일정기간 동안의 기업의 경영성과에 대한 정보를 제공하는 재무보고서이다.

② 손익계산서는 다음과 같이 구분하여 표시한다.

1. 매 출 액
2. 매출원가
3. 매출총손익
4. 판매비와관리비
5. 영업손익
6. 영업외수익
7. 영업외비용
8. 법인세비용차감전순손익
9. 법인세비용
10. 당기순손익
11. 주당손익

③ 수익과 비용은 각각 총액으로 보고하는 것을 원칙으로 한다.

④ 주당손익은 손익계산서 본문에 표시하고, 그 산출근거를 주석으로 기재한다.

종 합 예 제

(주)UT의 20x8년 1월 1일 현재 대차대조표와 당기 중 발생한 거래는 다음과 같다(단위 : 원).

대차대조표

(주)UT 2008.1.1

차변	금액	대변	금액
현 금	480,000	자 본 금	500,000
상 품	20,000		
	500,000		500,000

1월 2일 기계장치를 구입하고 현금 ₩200,000을 지급하다.

2월 1일 상품 ₩60,000을 외상으로 매입하다.

3월 1일 현금 ₩100,000을 이자율 연 12%, 1년 후 원금 및 이자지급조건으로 거래처에 대여하다.

3월14일 원가 ₩50,000인 상품을 ₩70,000에 현금판매하다.

4월 1일 1년분 임대료 ₩120,000을 현금으로 받다.

6월 9일 상품 ₩140,000을 매입하여 현금 ₩40,000을 지급하고, 나머지는 외상으로 하다.

7월 1일 은행에서 ₩200,000(이자율 연12%, 1년 후 원금 및 이자 일시상환조건)을 차입하다.

9월 1일 1년분 보험료 ₩12,000을 현금으로 지급하다.

10월21일 사무용 소모품 ₩30,000을 구입하고 대금은 현금으로 지급하다. 구입액은 자산으로 처리하였다.

12월20일 원가 ₩120,000인 상품을 ₩160,000에 판매하고, 이 중 ₩60,000은 현금으로 받고 나머지는 외상으로 하다.

문제 1. 거래를 분개하고, T계정에 전기하시오.

(1) 분 개

1월 2일	(차)	(대)
2월 1일	(차)	(대)
3월 1일	(차)	(대)
3월 14일	(차)	(대)
4월 1일	(차)	(대)
6월 9일	(차)	(대)
7월 1일	(차)	(대)
10월 21일	(차)	(대)
12월 20일	(차)	(대)

(2) 전 기

현 금	
1/1 전기이월 480,000	

상 품	
1/1 전기이월 20,000	

기계장치	

단기대여금	

매 입	

매 출	

매출채권	

매입채무	

보험료	

임대료	

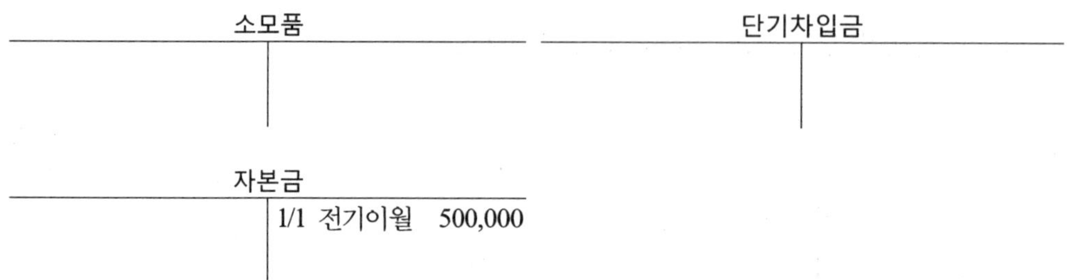

문제 2. 수정전 잔액시산표를 작성하시오.

수정전 잔액시산표

차변 계정	금액	대변 계정	금액
현 금		매입채무	
매출채권		단기차입금	
상 품		자 본 금	
소 모 품		매 출	
단기대여금		임 대 료	
기계장치			
매 입			
보 험 료			

문제 3. 결산정리분개를 하고, T계정에 전기하시오.

[결산정리사항은 다음과 같다]

(1) 기말상품재고원가는 ₩50,000이다.

(2) 기계장치에 대한 당기 감가상각비는 ₩40,000이다.

(3) 매출채권에 대하여 ₩10,000의 대손이 예상된다.

(4) 임대료 중 ₩30,000은 기간이 미경과하였다.

(5) 보험료 중 ₩8,000은 차기분이다.

(6) 대여금에 대한 당기분 이자수익은 ₩10,000이다.

(7) 차입금에 대한 당기분 이자비용은 ₩12,000이다.

(8) 소모품 미사용잔액은 ₩9,000이다.

(결산정리분개)

(1) 12월 31일 (차) (대)

(2) 12월 31일 (차) (대)

(3) 12월 31일 (차) (대)

(4) 12월 31일 (차) (대)

(5) 12월 31일 (차) (대)

(6) 12월 31일 (차) (대)

(7) 12월 31일 (차) (대)

(8) 12월 31일 (차) (대)

매출원가

상품

1/1 전기이월 20,000	

매 입

2/ 1 매 입 채 무 60,000	
6/ 9 현 금 40,000	
매 입 채 무 100,000	

대손충당금

감가상각누계액

대손상각비

감가상각비

임 대 료

	4/1 현 금 120,000

보 험 료

9/1 현 금 12,000	

선수임대료

선급보험료

미지급이자

미수이자

이자수익

이자비용

소모품비

소 모 품

10/21 현 금 30,000	

문제 4. 수정후 잔액시산표를 작성하시오.

수정후 잔액시산표

차변 계정	금액	대변 계정	금액
현 금		매 입 채 무	
매 출 채 권		선 수 임 대 료	
상 품		미 지 급 이 자	
소 모 품		단 기 차 입 금	
선 급 보 험 료		대 손 충 당 금	
미 수 이 자		감가상각누계액	
단 기 대 여 금		자 본 금	
기 계 장 치		매 출	
매 출 원 가		임 대 료	
보 험 료		이 자 수 익	
감 가 상 각 비			
대 손 상 각 비			
소 모 품 비			
이 자 비 용			

문제 5. 계정을 마감하시오.

(1) 손익계산서계정 마감

마 감 분 개

(1) (차) (대) 집합손익

(2) (차) 집합손익 (대)

(3) (차) 집합손익 (대) 미처분이익잉여금

매출원가

차변	대변
12/31 상품(기초) 20,000	12/31 상품(기말) 50,000
12/31 매 입 200,000	

매 출

차변	대변
	3/14 현 금 70,000
	12/20 현 금 60,000
	매출채권 100,000

감가상각비

차변	대변
	12/31 집합손익 40,000

대손상각비

차변	대변
12/31 대손충당금 10,000	

보 험 료

차변	대변
9/1 현 금 12,000	12/31 선급보험료 8,000

임 대 료

차변	대변
12/31 선수임대료 30,000	4/1 현 금 120,000

이자비용

차변	대변
12/31 미지급이자 12,000	

이자수익

차변	대변
	12/31 미수이자 10,000

미처분이익잉여금	

소모품비	
12/31 소 모 품 21,000	

집합손익	

(2) 대차대조표계정 마감

현 금	
1/ 1 전기이월 480,000	1/ 2 기계장치 200,000
3/14 매 출 70,000	3/ 1 대 여 금 100,000
4/ 1 임 대 료 120,000	6/ 9 매 입 40,000
7/ 1 차 입 금 200,000	9/ 1 보 험 료 12,000
12/20 매 출 60,000	10/21 소 모 품 30,000

매입채무	
	2/ 1 매 입 60,000
	6/ 9 매 입 100,000

상 품	
1/ 1 전기이월 20,000	12/31 매출원가 20,000
12/31 매출원가 50,000	

자 본 금	
	1/ 1 전기이월 500,000

기계장치	
1/ 2 현 금 20,000	

감가상각누계액	
	12/31 감가상각비 40,000

매출채권	
12/20 매 출 100,000	

대손충당금	
	12/31 대손상각비 10,000

선급보험료	
12/31 보 험 료 8,000	

선수임대료	
	12/31 임 대 료 30,000

단기대여금	
3/ 1 현 금 100,000	

단기차입금	
	7/ 1 현 금 200,000

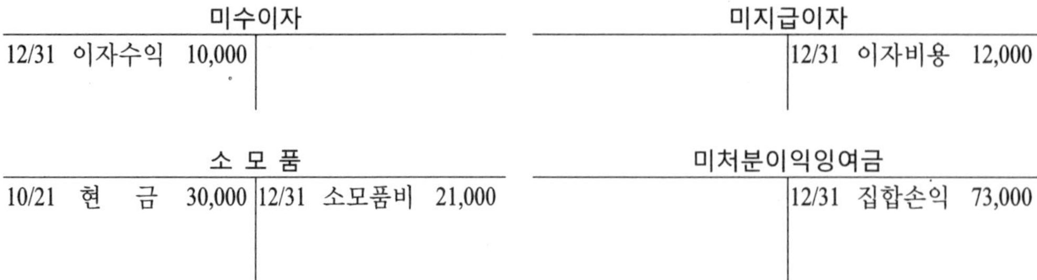

미수이자

12/31 이자수익 10,000	

미지급이자

	12/31 이자비용 12,000

소 모 품

10/21 현 금 30,000	12/31 소모품비 21,000

미처분이익잉여금

	12/31 집합손익 73,000

문제 6 기업회계기준 양식에 의한 대차대조표(계정식) 및 손익계산서(보고식)를 작성하시오

<u>대 차 대 조 표</u>

(주)UT 20x8년 12월 31일 (단위: 원)

자 산	부 채
유동자산	유동부채
당좌자산	매입채무
현금및현금성자산	선수임대료
매출채권	미지급이자
대손충당금	단기차입금
단기대여금	비유동부채
선급보험료	부채총계
미수이자	자 본
재고자산	자 본 금
상 품	자본잉여금
소모품	자본조정
비유동자산	기타포괄손익누계액
투자자산	이익잉여금
유형자산	법정적립금
기계장치	임의적립금
감가상각누계액	미처분이익잉여금
무형자산	
기타비유동자산	자본총계
자산총계	부채와자본총계

손 익 계 산 서

(주)UT　　20x8년 1월 1일－20x8년 12월 31일　　(단위: 원)

매출액
매출원가
 기초상품재고액
 당기상품매입액
 기말상품재고액
매출총이익
판매비와관리비
 보험료
 감가상각비
 대손상각비
 소모품비
영업이익
영업외수익
 임대료
 이자수익
영업외비용
 이자비용
법인세비용차감전순이익
법인세비용
당기순이익

풀이

(1) 분개 및 전기

1월 2일	(차) 기계장치	200,000	(대) 현 금	200,000
2월 1일	(차) 매 입	60,000	(대) 매입채무	60,000
3월 1일	(차) 단기대여금	100,000	(대) 현 금	100,000
3월 14일	(차) 현 금	70,000	(대) 매 출	70,000
4월 1일	(차) 현 금	120,000	(대) 임 대 료	120,000
6월 9일	(차) 매 입	140,000	(대) 현 금	40,000
			매입채무	100,000
7월 1일	(차) 현 금	200,000	(대) 단기차입금	200,000

9월 1일	(차) 보 험 료	12,000	(대) 현 금	12,000
10월 21일	(차) 소 모 품	30,000	(대) 현 금	30,000
12월 20일	(차) 현 금	60,000	(대) 매 출	160,000
	매출채권	100,000		

현 금

차변		대변	
1/ 1 전 기 이 월	480,000	1/ 2 기 계 장 치	200,000
3/14 매 출	70,000	3/ 1 단기대여금	100,000
4/ 1 임 대 료	120,000	6/ 9 매 입	40,000
7/ 1 단기차입금	200,000	9/ 1 보 험 료	12,000
12/20 매 출	60,000	10/21 소 모 품	30,000

상 품

차변		대변	
1/ 1 전기이월	20,000		

기계장치

차변		대변	
1/ 2 현 금	200,000		

단기대여금

차변		대변	
3/ 1 현 금	100,000		

매 입

차변		대변	
2/ 1 매입채무	60,000		
6/ 9 현 금	40,000		
매입채무	100,000		

매 출

차변		대변	
		3/14 현 금	70,000
		12/20 현 금	60,000
		매출채권	100,000

매출채권

차변		대변	
12/20 매 출	100,000		

매입채무

차변		대변	
		2/ 1 매 입	60,000
		6/ 9 매 입	100,000

보 험 료

차변		대변	
9/ 1 현 금	12,000		

임 대 료

차변		대변	
		4/ 1 현 금	120,000

소 모 품

차변		대변	
10/21 현 금	30,000		

단기차입금

차변		대변	
		7/ 1 현 금	200,000

자 본 금

차변		대변	
		1/ 1 전기이월	500,000

(2) 수정전 잔액시산표

수 정 전 잔 액 시 산 표

(주)UT 2008. 12. 31

차변 계정	금액	대변 계정	금액
현 금	548,000	매 입 채 무	160,000
매 출 채 권	100,000	단 기 차 입 금	200,000
상 품	20,000	자 본 금	500,000
소 모 품	30,000	매 출	230,000
단 기 대 여 금	100,000	임 대 료	120,000
기 계 장 치	200,000		
매 입	200,000		
보 험 료	12,000		
	1,210,000		1,210,000

(3) 결산정리분개

	일자	차변	금액	대변	금액
(1)	12/31	(차) 매출원가	20,000	(대) 상 품(기초)	20,000
		매출원가	200,000	매 입	200,000
		상품(기말)	50,000	매출원가	50,000
(2)	12/31	(차) 감가상각비	40,000	(대) 감가상각누계액	40,000
(3)	12/31	(차) 대손상각비	10,000	(대) 대손충당금	10,000
(4)	12/31	(차) 임 대 료	30,000	(대) 선수임대료	30,000
(5)	12/31	(차) 선급보험료	8,000	(대) 보 험 료	8,000
(6)	12/31	(차) 미수이자	10,000	(대) 이자수익	10,000
(7)	12/31	(차) 이자비용	12,000	(대) 미지급이자	12,000
(8)	12/31	(차) 소모품비	21,000	(대) 소 모 품	21,000

매출원가

차변	금액	대변	금액
12/31 상품(기초)	20,000	12/31 상품(기말)	50,000
12/31 매 입	200,000		

상 품

차변	금액	대변	금액
1/ 1 전기이월	20,000	12/31 매출원가	20,000
12/31 매출원가	50,000		

매 입

차변	금액	대변	금액
2/ 1 매입채무	60,000	12/31 매출원가	200,000
6/ 9 현 금	40,000		
매입채무	100,000		

감가상각누계액

차변	대변
	12/31 감가상각비 40,000

대손충당금

차변	대변
	12/31 대손상각비 10,000

감가상각비

차변	대변
12/31 감가상각 누 계 액 40,000	

대손상각비

차변	대변
12/31 대손충당금 10,000	

보 험 료

차변	대변
9/ 1 현 금 12,000	12/31 선급보험료 8,000

임 대 료

차변	대변
12/31 선수임대료 30,000	4/ 1 현 금 120,000

선급보험료

차변	대변
12/31 보 험 료 8,000	

선수임대료

차변	대변
	12/31 임 대 료 30,000

미수이자

차변	대변
12/31 이자수익 10,000	

미지급이자

차변	대변
	12/31 이자비용 12,000

이자비용

차변	대변
12/31 미지급이자 12,000	

이자수익

차변	대변
	12/31 이자수익 10,000

소 모 품

차변	대변
10/21 현 금 30,000	12/31 소모품비 21,000

소모품비

차변	대변
12/31 소 모 품 21,000	

(4) 수정후 잔액시산표

수 정 후 잔 액 시 산 표

(주)UT 20x8. 12. 31 (단위: 원)

차변	금액	대변	금액
현금	548,000	매입채무	160,000
매출채권	100,000	선수임대료	30,000
상품	50,000	미지급이자	12,000
소모품	9,000	단기차입금	200,000
선급보험료	8,000	대손충당금	10,000
미수이자	10,000	감가상각누계액	40,000
단기대여금	100,000	자본금	500,000
기계장치	200,000	매출	230,000
매출원가	170,000	임대료	90,000
보험료	4,000	이자수익	10,000
감가상각비	40,000		
대손상각비	10,000		
소모품비	21,000		
이자비용	12,000		
	1,282,000		1,282,000

(5) 계정마감

① 손익계산서계정 마감

		차변	금액	대변	금액
(1)	12/31	(차) 매출	230,000	(대) 집합손익	330,000
		임대료	90,000		
		이자수익	10,000		
(2)	12/31	(차) 집합손익	257,000	(대) 매출원가	170,000
				보험료	4,000
				감가상각비	40,000
				대손상각비	10,000
				소모품비	21,000
				이자비용	12,000
(3)	12/31	(차) 집합손익	73,000	(대) 미처분이익잉여금	73,000

매출원가

12/31	상품(기초)	20,000	12/31	상품(기말)	50,000
12/31	매 입	200,000	12/31	집합손익	170,000
		220,000			220,000

매 출

12/31	집합손익	230,000	3/14	현 금	70,000
			12/20	현 금	60,000
				매출채권	100,000
		230,000			230,000

매 입

2/ 1	매입채무	60,000	12/31	매출원가	200,000
6/ 9	현 금	40,000			
	매입채무	100,000			
		200,000			200,000

대손상각비

12/31	대손충당금	10,000	12/31	집합손익	10,000

감가상각비

12/31	감가상각누계액	40,000	12/31	집합손익	40,000

임 대 료

12/31	선수임대료	30,000	4/ 1	현 금	120,000
12/31	집합손익	90,000			
		120,000			120,000

보 험 료

9/ 1	현 금	12,000	12/31	선급보험료	8,000
			12/31	집합손익	4,000
		12,000			12,000

이자수익

12/31	집합손익	10,000	12/31	미수이자	10,000

이자비용

12/31	미지급이자	12,000	12/31	집합손익	12,000

소모품비

12/31	소 모 품	21,000	12/31	집합손익	21,000

집합손익

날짜	적요	금액	날짜	적요	금액
12/31	매출원가	170,000	12/31	매　　출	230,000
	보 험 료	4,000		임 대 료	90,000
	감가상각비	40,000		이자수익	10,000
	대손상각비	10,000			
	소모품비	21,000			
	이자비용	12,000			
12/31	미처분이익잉여금	73,000			
		330,000			330,000

② 대차대조표계정 마감

현　금

날짜	적요	금액	날짜	적요	금액
1/ 1	전기이월	480,000	1/ 2	기계장치	200,000
3/14	매　　출	70,000	3/ 1	단기대여금	100,000
4/ 1	임 대 료	120,000	6/ 9	매　　입	40,000
7/ 1	단기차입금	200,000	9/ 1	보 험 료	12,000
12/20	매　　출	60,000	10/21	소 모 품	30,000
			12/31	차기이월	548,000
		930,000			930,000
1/ 1	전기이월	548,000			

매입채무

날짜	적요	금액	날짜	적요	금액
12/31	차기이월	160,000	2/ 1	매　　입	60,000
			6/ 9	매　　입	100,000
		160,000			160,000
			1/ 1	전기이월	160,000

상　품

날짜	적요	금액	날짜	적요	금액
1/ 1	전기이월	20,000	12/31	매출원가	20,000
12/31	매출원가	50,000	12/31	차기이월	50,000
		70,000			70,000
1/ 1	전기이월	50,000			

감가상각누계액

날짜	적요	금액	날짜	적요	금액
12/31	차기이월	40,000	12/31	감가상각비	40,000
			1/ 1	전기이월	40,000

기계장치

날짜	적요	금액	날짜	적요	금액
1/ 2	현　　금	200,000	12/31	차기이월	200,000
1/ 1	전기이월	200,000			

대손충당금

날짜	적요	금액	날짜	적요	금액
12/31	차기이월	10,000	12/31	대손상각비	10,000
			1/ 1	전기이월	10,000

매출채권

날짜	적요	금액	날짜	적요	금액
12/20	매　　출	100,000	12/31	차기이월	100,000
1/ 1	전기이월	100,000			

자 본 금

날짜	적요	금액	날짜	적요	금액
12/31	차기이월	500,000	1/ 1	전기이월	500,000
			1/ 1	전기이월	500,000

선급보험료

12/31	보 험 료	8,000	12/31	차기이월	8,000
1/ 1	전기이월	8,000			

선수임대료

12/31	전기이월	30,000	12/31	임 대 료	30,000
			1/ 1	전기이월	30,000

단기대여금

3/ 1	현 금	100,000	12/31	차기이월	100,000
1/ 1	전기이월	100,000			

단기차입금

12/31	차기이월	200,000	7/ 1	현 금	200,000
			1/ 1	전기이월	200,000

미수이자

12/31	이자수익	10,000	12/31	차기이월	10,000
1/ 1	전기이월	10,000			

미지급이자

12/31	차기이월	12,000	12/31	이자비용	12,000
			1/ 1	전기이월	12,000

소 모 품

10/21	현 금	30,000	12/31	소모품비	21,000
			12/31	차기이월	9,000
		30,000			30,000
1/ 1	전기이월	9,000			

미처분이익잉여금

12/31	차기이월	73,000	12/31	집합손익	73,000
			1/ 1	전기이월	73,000

(6) 대차대조표 및 손익계산서 작성

대 차 대 조 표

(주)UT　　　　20x8년 12월 31일　　　　(단위: 원)

자 산			부 채		
유동자산			유동부채		
당좌자산			매입채무		160,000
현금및현금성자산		548,000	선수임대료		30,000
매출채권		100,000	미지급이자		12,000
대손충당금	(10,000)	90,000	단기차입금		200,000
단기대여금		100,000	비유동부채		
선급보험료		8,000	부채총계		402,000
미수이자		10,000	자 본		
재고자산			자 본 금		500,000
상 품		50,000	자본잉여금		
소모품		9,000	자본조정		
비유동자산			기타포괄손익누계액		
투자자산			이익잉여금		
유형자산			법정적립금		
기계장치		200,000	임의적립금		
감가상각누계액	(40,000)	160,000	미처분이익잉여금	73,000	
무형자산					
기타비유동자산			자본총계		573,000
자산총계		975,000	부채와자본총계		975,000

손 익 계 산 서

(주)UT	20x8년 1월 1일－20x8년 12월 31일	(단위: 원)
매출액		230,000
매출원가		
기초상품재고액	20,000	
당기상품매입액	200,000	
기말상품재고액	(50,000)	170,000
매출총이익		60,000
판매비와관리비		75,000
보험료	4,000	
감가상각비	40,000	
대손상각비	10,000	
소모품비	21,000	
영업이익		△ 15,000
영업외수익		100,000
임대료	90,000	
이자수익	10,000	
영업외비용		12,000
이자비용	12,000	
법인세비용차감전순이익		73,000
법인세비용		
당기순이익		73,000

연습문제

1. 의류도매상을 하고 있는 (주)Y&I의 20x8년 1월 1일의 대차대조표는 다음과 같다(단위: 원).

대 차 대 조 표

(주)Y&I	20x8. 1. 1		(단위: 원)
현 금	80,000	매 입 채 무	170,000
은 행 예 금	150,000	차 입 금	500,000
매 출 채 권	220,000	자 본 금	680,000
상 품	100,000	이 익 잉 여 금	0
토 지	800,000		
	1,350,000		1,350,000

20x8년 1월 1일부터 20x8년 12월 31일까지의 거래는 다음과 같다.

1월 5일 토지를 담보로 제공하고 은행으로부터 ₩500,000을 빌리다.

2월 28일 건물을 ₩400,000에 현금으로 구입하다.

3월 1일 건물에 대한 1년분 임대료 ₩60,000을 현금으로 받다.

3월 2일 건물의 화재보험료 1년분 ₩9,000을 현금으로 지급하다.

4월 2일 ₩300,000의 상품을 구입하고 ₩100,000은 현금지급, 잔액은 외상으로 하다.

4월 27일 상품(원가 ₩250,000)을 ₩400,000에 판매하고, ₩300,000은 현금으로 받고 잔액은 외상으로 하다.

5월 8일 상품판매의 중개를 하고 수수료 ₩2,000을 현금으로 받다.

6월 9일 매출채권 ₩150,000을 현금으로 받다.

7월 10일 매입채무 ₩100,000을 현금으로 지급하다.

8월 19일 차입금에 대한 이자 ₩50,000을 현금으로 지급하다.

9월 15일 사무용품 ₩15,000을 현금으로 구입하고, 구입시 자산처리 하다.

10월 20일 은행예금에 대한 이자 ₩10,000을 현금으로 받다.

11월 18일 급여 ₩7,000을 현금으로 지급하다.

12월 20일 출장여비 ₩1,000을 현금으로 지급하다.

12월 24일 건물의 수선유지비용으로 ₩8,000을 현금지급하다.

[문 제]

1. 거래를 분개하고, T계정에 전기하시오.

2. 수정전 잔액시산표를 작성하시오.

[결산정리사항]

1. 기말상품재고원가는 ₩150,000이다.
2. 매출채권 잔액에 대해 2%의 대손충당금을 설정하다.
3. 건물에 대한 당기 감가상각비는 ₩20,000이다.
4. 소모품 미사용액은 ₩5,000이다.
5. 임대료 중 ₩10,000은 차기분이다.
6. 보험료 중 ₩1,500은 선급분이다.
7. 당기분 이자수익은 ₩13,000이다.
8. 당기분 이자비용은 ₩55,000이다.

3. 기말 결산정리분개를 하시오.

4. 수정후 잔액시산표를 작성하시오.

5. 마감분개를 하고, 손익계산서계정을 마감하시오.

6. 대차대조표계정을 마감하시오.

7. 기업회계기준 양식에 의한 대차대조표(계정식) 및 손익계산서(보고식)를 작성하시오

HINT

* 당기순이익 : ₩103,100

2. 다음은 (주)WE의 20x8년 12월 31일의 잔액시산표와 기말 결산정리사항에 대한 자료이다(단위: 원).

잔 액 시 산 표

(주)WE 20x8.12.31 (단위: 원)

차변 계정	금액	대변 계정	금액
현 금	114,000	외 상 매 입 금	120,000
외 상 매 출 금	80,000	대 손 충 당 금	300
상 품	70,000	감가상각누계액	19,700
건 물	120,000	자 본 금	200,000
매 입	540,000	매 출	660,000
급 여	30,000	이 자 수 익	6,000
보 험 료	7,000		
소 모 품 비	45,000		
	1,006,000		1,006,000

[기말 결산정리사항]

1. 기말상품재고액은 ₩80,000이다.
2. 외상매출금 잔액에 대해 2%의 대손충당금을 설정하다.
3. 건물의 감가상각은 정액법으로 하며, 내용년수는 10년, 잔존가치는 없다.
4. 보험료의 미경과액은 ₩2,000이다.
5. 급여 미지급액은 ₩5,800이다.
6. 이자의 선수금은 ₩1,000이다.
7. 수수료의 미수액은 ₩4,500이다.
8. 소모품의 미사용액은 ₩4,500이다.

[문 제]

1. 기말 결산정리분개를 하시오.
2. 수정후 잔액시산표를 작성하시오.
3. 마감분개를 하고, 손익계산서계정을 마감하시오.
4. 대차대조표계정을 마감하시오.
5. 기업회계기준 양식에 의한 대차대조표(계정식) 및 손익계산서(보고식)를 작성하시오

* 당기순이익 : ₩44,900

3. 다음은 (주)하나의 2008년 회계연도의 총계정원장 잔액과 결산정리사항에 대한 자료이다(단위: 원).

[총계정원장 잔액]

현 금	3,000,000	당 좌 예 금	27,400,000
매출채권	24,000,000	단기매매증권	13,500,000
상 품	18,000,000	가 지 급 금	2,000,000
건 물	36,000,000	매 입 채 무	34,500,000
매 입	165,000,000	자 본 금	60,000,000
건물감가상각누계액	6,000,000	이 자 비 용	1,200,000
매 출	198,000,000	급 여	9,000,000
이자수익	1,500,000	보 험 료	900,000

[결산정리사항]

1. 기말상품재고액 ₩24,000,000
2. 건물감가상각 10% (정액법)
3. 대손충당금 : 매출채권 잔액의 10% 설정
4. 단기매매증권 결산시 평가액 ₩13,000,000
5. 보험료 미경과액 ₩450,000
6. 이자선수액 ₩300,000
7. 급여미지급액 ₩1,500,000
8. 수수료 미수액 ₩1,200,000
9. 현금 현재액은 ₩2,700,000이며, 부족액은 잡손실로 처리
10. 가지급금 ₩2,000,000은 거래처 접대비로 처리함

[문 제]

1. 수정전 잔액시산표를 작성하시오.
2. 기말 결산정리분개를 하시오.
3. 수정후 잔액시산표를 작성하시오.
4. 마감분개를 하고, 손익계산서계정을 마감하시오.
5. 대차대조표계정을 마감하시오.
6. 기업회계기준 양식에 의한 대차대조표(계정식) 및 손익계산서(보고식)를 작성하시오.

HINT

* 당기순이익 : ₩20,450,000

부 록

1. 연습문제 해답
2. 기업회계기준서
3. 재무제표 양식

1. 연습문제 해답

〈2장〉

(2)

(주)햇살 대차대조표 20x8.12.31

차변	금액	대변	금액
현 금	80,000	매입채무	280,000
매출채권	465,000	차 입 금	250,000
대 여 금	120,000	미지급금	30,000
미 수 금	245,000	자 본 금	400,000
상 품	450,000	이익잉여금	1,100,000
건 물	700,000		
	2,060,000		2,060,000

(3)

(주)햇살 손익계산서 20x8.1.1-20x8.12.31

차변	금액	대변	금액
매출원가	240,000	매 출 액	500,000
급 여	100,000	이자수익	40,000
광고선전비	5,000	임 대 료	5,000
이자비용	10,000		
임 차 료	5,000		
소모품비	15,000		
당기순이익	170,000		
	545,000		545,000

(4)

(주)e-korea 대차대조표 20x8.12.31

차변	금액	대변	금액
현 금	300,000	매입채무	364,000
매출채권	154,000	차 입 금	350,000
대 여 금	250,000	자 본 금	500,000
상 품	185,000	이익잉여금	90,000
비 품	15,000		
건 물	400,000		
	1,304,000		1,304,000

(주)e-korea	손익계산서	20x8.1.1-20x8.12.31	
매출원가	165,000	매 출 액	300,000
급 여	15,000	수수료수익	15,000
광고선전비	5,000		
이자비용	5,000		
임 차 료	35,000		
당기순이익	90,000		
	315,000		315,000

〈3장〉

(2) (분개)

일자	차변	금액	대변	금액
1월 1일	(차) 현 금	200,000	(대) 자 본 금	200,000
2월 3일	(차) 비 품	6,000	(대) 현 금	6,000
3월 3일	(차) 상 품	150,000	(대) 현 금	150,000
4월 4일	(차) 현 금	100,000	(대) 차 입 금	100,000
5월 5일	(차) 현 금	115,000	(대) 상 품	90,000
			상품매출이익	25,000
6월 6일	(차) 상 품	60,000	(대) 매입채무	60,000
7월 7일	(차) 현 금	3,000	(대) 수수료수익	3,000
8월 8일	(차) 매출채권	88,000	(대) 상 품	70,000
			상품매출이익	18,000
9월 9일	(차) 매입채무	40,000	(대) 현 금	40,000
9월 15일	(차) 현 금	65,000	(대) 매출채권	65,000
10월 10일	(차) 차 입 금	50,000	(대) 현 금	51,000
	이자비용	1,000		
11월 11일	(차) 급 여	15,000	(대) 현 금	15,000
12월 30일	(차) 임 차 료	4,000	(대) 현 금	4,000

(전기)

현 금

차변			대변		
1/1	자 본 금	200,000	2/3	비 품	6,000
4/4	차 입 금	100,000	3/3	상 품	150,000
5/5	제 좌	115,000	9/9	매입채무	40,000
7/7	수수료수익	3,000	10/10	제 좌	51,000
9/15	매출채권	65,000	11/11	급 여	15,000
			12/30	임 차 료	4,000

매출채권

차변			대변		
8/8	제 좌	88,000	9/15	현 금	65,000

매입채무

차변			대변		
9/9	현 금	40,000	6/6	상 품	60,000

차입금

차변			대변		
10/10	현 금	50,000	4/4	현 금	100,000

상 품

차변			대변		
3/3	현 금	150,000	5/5	현 금	90,000
6/6	매입채무	60,000	8/8	매출채권	70,000

상품매출이익

차변			대변		
			5/5	현 금	25,000
			8/8	매출채권	18,000

자본금

차변			대변		
			1/1	현 금	200,000

이자비용

차변			대변		
10/10	현 금	1,000			

수수료수익

차변			대변		
			7/7	현 금	3,000

급 여

차변			대변		
11/11	현 금	15,000			

임 차 료

차변			대변		
12/30	현 금	4,000			

비 품

차변			대변		
2/3	현 금	6,000			

잔 액 시 산 표

(주)엔젤 20x8.12.31

차 변	계정과목	대 변
217,000	현 금	
23,000	매 출 채 권	
50,000	상 품	
6,000	비 품	
	매 입 채 무	20,000
	차 입 금	50,000
	자 본 금	200,000
	상 품 매 출 이 익	43,000
	수 수 료 수 익	3,000
15,000	급 여	
4,000	임 차 료	
1,000	이 자 비 용	
316,000		316,000

(마감분개)

12/31	(차) 상품매출이익	43,000	(대) 집 합 손 익	46,000
	수수료수익	3,000		
12/31	(차) 집 합 손 익	20,000	(대) 급 여	15,000
			임 차 료	4,000
			이 자 비 용	1,000
12/31	(차) 잡 합 손 익	26.000	(대) 이익잉여금	26,000

(손익계산서계정의 마감)

집합손익

12/31 급 여	15,000	12/31 상품매출이익	43,000
12/31 임차료	4,000	12/31 수수료수익	3,000
12/31 이자비용	1,000		
12/31 이익잉여금	26,000		
	46,000		46,000

(대차대조표계정의 마감)

이익잉여금

12/31차기이월	26,000	12/31집합손익	26,000
		1/1 전기이월	26,000

(대차대조표)

(주)엔젤 대차대조표 20x8.12.31

현 금	217,000	매입채무	20,000
매출채권	23,000	차 입 금	50,000
상 품	50,000	자 본 금	200,000
비 품	6,000	이익잉여금	26,000
	296,000		296,000

(손익계산서)

(주)엔젤	손익계산서	20x8.1.1-20x8.12.31	
급　　여	15,000	상품매출이익	43,000
임 차 료	4,000	수수료수익	3,000
이자비용	1,000		
당기순이익	26,000		
	46,000		46,000

2. 기업회계기준서 제21호

재무제표의 작성과 표시 I

회계기준위원회 의결 2006. 2. 6.

요 약

이 기준서의 목적은 재무제표의 작성과 표시에 관한 기준을 정하는 데 있다. 이 기준서는 중간기간을 포함한 모든 회계기간에 대하여 작성하는 재무제표, 연결재무제표 및 기업집단결합재무제표의 작성에 적용한다. 다만, 중간재무제표, 연결재무제표, 기업집단결합재무제표의 작성과 표시에 관하여 특별한 사항은 이 기준서 외의 다른 기업회계기준에서 정할 수 있다.

재무제표는 대차대조표, 손익계산서, 이익잉여금처분계산서(또는 결손금처리계산서), 현금흐름표, 자본변동표로 구성되며, 주석을 포함한다.

재무제표 작성과 표시의 일반원칙

경영자는 재무제표를 작성할 때 기업의 존속가능성을 평가하여야 하며, 기업이 경영활동을 청산 또는 중단할 의도가 있거나, 경영활동을 계속할 수 없는 상황에 놓인 경우를 제외하고는 계속기업을 전제로 재무제표를 작성한다.

재무제표의 작성과 표시에 대한 책임은 경영자에게 있다. 재무제표는 경제적 사실과 거래의 실질을 반영하여 기업의 재무상태, 경영성과, 이익잉여금처분(또는 결손금처리), 현금흐름 및 자본변동을 공정하게 표시하여야 하며, 기업회계기준에 따라 적정하게 작성된 재무제표는 공정하게 표시된 재무제표로 본다.

기업은 기업회계기준이 허용하는 범위 내에서 회계정책을 선택할 수 있다. 회계정책은 기업이 재무보고의 목적으로 선택한 기업회계기준과 그 적용방법을 말한다.

재무제표의 기간별 비교가능성을 제고하기 위하여 전기 재무제표의 모든 계량정보를 당기와 비교하는 형식으로 표시한다. 또, 전기 재무제표의 비계량정보가 당기 재무제표를 이해하는 데 필요한 경우에는 이를 당기의 정보와 비교하여 주석에 기재한다.

재무제표의 기간별 비교가능성을 제고하기 위하여 재무제표 항목의 표시와 분류는 매기 동일하게 적용하는 것을 원칙으로 한다.

대차대조표

대차대조표는 일정 시점 현재 기업이 보유하고 있는 경제적 자원인 자산과 경제적 의무인 부채, 그리고 자본에 대한 정보를 제공하는 재무보고서로서, 정보이용자들이 기업의 유동성, 재무적 탄력성, 수익성과 위험 등을 평가하는 데 유용한 정보를 제공한다.

대차대조표의 구성요소인 자산, 부채, 자본은 각각 다음과 같이 구분한다.

(1) 자산은 유동자산과 비유동자산으로 구분한다. 유동자산은 당좌자산과 재고자산으로 구분하고, 비유동자산은 투자자산, 유형자산, 무형자산, 기타비유동자산으로 구분한다.

(2) 부채는 유동부채와 비유동부채로 구분한다.

(3) 자본은 자본금, 자본잉여금, 자본조정, 기타포괄손익누계액 및 이익잉여금(또는 결손금)으로 구분한다.

다음과 같은 자산은 유동자산으로 분류한다.

(1) 사용의 제한이 없는 현금및현금성자산
(2) 기업의 정상적인 영업주기 내에 실현될 것으로 예상되거나 판매목적 또는 소비목적으로 보유하고 있는 자산
(3) 단기매매 목적으로 보유하는 자산
(4) (1) 내지 (3) 외에 대차대조표일로부터 1년 이내에 현금화 또는 실현될 것으로 예상되는 자산

다음과 같은 부채는 유동부채로 분류한다.

(1) 기업의 정상적인 영업주기 내에 상환 등을 통하여 소멸할 것이 예상되는 매입채무와 미지급비용 등의 부채
(2) 대차대조표일로부터 1년 이내에 상환되어야 하는 단기차입금 등의 부채

손익계산서

손익계산서는 일정 기간 동안 기업의 경영성과에 대한 정보를 제공하는 재무보고서이다. 손익계산서는 당해 회계기간의 경영성과를 나타낼 뿐만 아니라 기업의 미래현금흐름과 수익창출능력 등의 예측에 유용한 정보를 제공한다.

손익계산서는 다음과 같이 구분하여 표시한다. 다만, 제조업, 판매업 및 건설업 외의 업종에 속하는 기업은 매출총손익의 구분표시를 생략할 수 있다.

(1) 매출액
(2) 매출원가
(3) 매출총손익
(4) 판매비와관리비
(5) 영업손익
(6) 영업외수익
(7) 영업외비용
(8) 법인세비용차감전계속사업손익
(9) 계속사업손익법인세비용
(10) 계속사업손익
(11) 중단사업손익(법인세효과 차감후)
(12) 당기순손익
(13) 주당손익

수익과 비용은 각각 총액으로 보고하는 것을 원칙으로 한다. 다만, 이 기준서 외의 다른 기업회계기준에서 요구하거나 허용하는 경우에는 수익과 비용을 상계하여 표시할 수 있다.

이익잉여금처분계산서

이익잉여금처분계산서(또는 결손금처리계산서)는 이익잉여금의 처분사항(또는 결손금의 처리사항)을 명확히 보고하기 위한 재무보고서이다.

현금흐름표

현금흐름표의 작성과 표시에 대하여는 현금흐름표에 관한 기업회계기준에서 규정한다.

자본변동표

자본변동표는 자본의 크기와 그 변동에 관한 정보를 제공하는 재무보고서로서, 자본을 구성하고 있는 자본금, 자본잉여금, 자본조정, 기타포괄손익누계액, 이익잉여금(또는 결손금)의 변동에 대한 포괄적인 정보를 제공한다.

자본변동표에서 전기에 이미 보고된 이익잉여금(또는 결손금)의 금액이 당기에 발생한 회계정책의 변경이나 중대한 전기오류수정으로 인하여 변동된 경우에는 전기에 이미 보고된 금액을 별도로 표시하고 회계정책 변경이나 오류수정이 매 회계연도에 미치는 영향을 가감한 수정후 기초 이익잉여금을 표시한다.

주 석

주석은 다음의 사항을 포함한다.

⑴ 재무제표 작성기준 및 중요한 거래와 회계사건의 회계처리에 적용한 회계정책
⑵ 기업회계기준에서 주석공시를 요구하는 사항
⑶ 대차대조표, 손익계산서, 이익잉여금처분계산서(또는 결손금처리계산서), 현금흐름표 및 자본변동표의 본문에 표시되지 않는 사항으로서 재무제표를 이해하는 데 필요한 추가 정보

주석은 체계적인 방법으로 표시한다. 대차대조표, 손익계산서, 이익잉여금처분계산서(또는 결손금처리계산서), 현금흐름표 및 자본변동표의 본문에 표시된 개별항목에는 관련된 주석내용과 상호 연결하는 기호 등을 표시한다.

주석은 일반적으로 재무제표 이용자가 재무제표를 이해하고 다른 기업의 재무제표와 비교하는 데 도움이 될 수 있도록 다음의 순서로 작성한다.

⑴ 기업회계기준에 준거하여 재무제표를 작성하였다는 사실의 명기
⑵ 재무제표 작성에 적용된 중요한 회계정책의 요약
⑶ 재무제표 본문에 표시된 항목에 대한 보충정보(재무제표의 배열 및

각 재무제표 본문에 표시된 순서에 따라 공시한다)

(4) 기타 우발상황, 약정사항 등의 계량정보와 비계량정보

이 기준서는 시행일인 2006년 12월 31일 이후 최초로 개시하는 회계연도부터 적용한다. 자본변동표의 경우 이 기준서를 처음으로 적용하는 회계연도에는 당해 회계연도분만 작성할 수 있다.

3. 재무제표 양식

① 대차대조표 양식

대 차 대 조 표

제×기 20××년×월×일 현재
제×기 20××년×월×일 현재

회사명 (단위 : 원)

과 목	당 기		전 기	
자 산				
유동자산		×××		×××
당좌자산		×××		×××
현금및현금성자산	×××		×××	
단기투자자산	×××		×××	
매출채권	×××		×××	
선급비용	×××		×××	
이연법인세자산	×××		×××	
......	×××		×××	
재고자산		×××		×××
제품	×××		×××	
재공품	×××		×××	
원재료	×××		×××	
......	×××		×××	
비유동자산		×××		×××
투자자산		×××		×××
투자부동산	×××		×××	
장기투자증권	×××		×××	
지분법적용투자주식	×××		×××	
......	×××		×××	
유형자산		×××		×××
토지	×××		×××	
설비자산	×××		×××	
(-) 감가상각누계액	(×××		(×××	
건설중인자산	)		)	
......	×××		×××	
	×××		×××	
무형자산		×××		×××
영업권				
산업재산권	×××		×××	
개발비	×××		×××	
......	×××		×××	
	×××		×××	
기타비유동자산		×××		×××
이연법인세자산				
......	×××		×××	
	×××		×××	
자 산 총 계		×××		×××

과 목	당 기		전 기	
부 채				
유동부채		×××		×××
단기차입	×××		×××	
매입채무	×××		×××	
미지급법인세	×××		×××	
미지급비용	×××		×××	
이연법인세부채	×××		×××	
......	×××		×××	
비유동부채		×××		×××
사채	×××		×××	
신주인수권부사채	×××		×××	
전환사채	×××		×××	
장기차입금	×××		×××	
퇴직급여충당부채	×××		×××	
장기제품보증충당부채	×××		×××	
이연법인세부채	×××		×××	
......	×××		×××	
부 채 총 계		×××		×××
자 본		×××		×××
자본금				
보통주자본금	×××		×××	
우선주자본금	×××		×××	
자본잉여금		×××		×××
주식발행초과금	×××		×××	
......	×××		×××	
자본조정		×××		×××
자기주식	×××		×××	
......	×××		×××	
기타포괄손익누계액		×××		×××
매도가능증권평가손익	×××		×××	
해외사업환산손익	×××		×××	
현금흐름위험회피	×××		×××	
상품평가손익	×××		×××	
......				
이익잉여금(또는결손금)		×××		×××
법정적립금	×××		×××	
임의적립금	×××		×××	
미처분이익잉여금 (또는미처리결손금)	×××		×××	
자 본 총 계		×××		×××
부채 및 자본 총계		×××		×××

② 손익계산서 양식 (중단사업손익이 있을 경우)

손 익 계 산 서

제×기 20××년×월×일부터 20××년×월×일까지
제×기 20××년×월×일부터 20××년×월×일까지

회사명 (단위 : 원)

과 목	당 기		전 기	
매출액		×××		×××
매출원가		×××		×××
기초제품(또는 상품)재고액	×××		×××	
당기제품제조원가 (또는 당기상품매입액)	×××		×××	
기말제품(또는 상품)재고액	(×××)		(×××)	
매출총이익(또는 매출총손실)		×××		×××
판매비와관리비		×××		×××
급여	×××		×××	
퇴직급여	×××		×××	
복리후생비	×××		×××	
임차료	×××		×××	
접대비	×××		×××	
감가상각비	×××		×××	
무형자산상각비	×××		×××	
세금과공과	×××		×××	
광고선전비	×××		×××	
연구비	×××		×××	
경상개발비	×××		×××	
대손상각비	×××		×××	
……	×××		×××	
영업이익(또는 영업손실)		×××		×××
영업외수익		×××		×××
이자수익	×××		×××	
배당금수익	×××		×××	
임대료	×××		×××	
단기투자자산처분이익	×××		×××	
단기투자자산평가이익	×××		×××	
외환차익	×××		×××	
외화환산이익	×××		×××	
지분법이익	×××		×××	
장기투자증권손상차손환입	×××		×××	
유형자산처분이익	×××		×××	
사채상환이익	×××		×××	
전기오류수정이익	×××		×××	
……	×××		×××	

과 목	당 기		전 기	
영업외비용		×××		×××
이자비용	×××		×××	
기타의대손상각비	×××		×××	
단기투자자산처분손실	×××		×××	
단기투자자산평가손실	×××		×××	
재고자산감모손실	×××		×××	
외환차손	×××		×××	
외화환산손실	×××		×××	
기부금	×××		×××	
지분법손실	×××		×××	
장기투자증권손상차손	×××		×××	
유형자산처분손실	×××		×××	
사채상환손실	×××		×××	
전기오류수정손실	×××		×××	
……	×××		×××	
법인세비용차감전계속사업손익		×××		×××
계속사업손익법인세비용		×××		×××
계속사업이익(또는 계속사업손실)		×××		×××
중단사업손익 (법인세효과: ×××원)		×××		×××
당기순이익(또는 당기순손실)		×××		×××
주당손익				
기본주당계속사업손익		×××원		×××원
기본주당순손익		×××원		×××원
희석주당계속사업손익		×××원		×××원
희석주당순손익		×××원		×××원

③ 손익계산서 양식 (중단사업손익이 없을 경우)

손 익 계 산 서

제×기 20××년×월×일부터 20××년×월×일까지
제×기 20××년×월×일부터 20××년×월×일까지

회사명 (단위 : 원)

과 목	당 기		전 기	
매출액		×××		×××
매출원가		×××		×××
기초제품(또는 상품)재고액	×××		×××	
당기제품제조원가	×××		×××	
(또는 당기상품매입액)				
기말제품(또는 상품)재고액	(×××)		(×××)	
매출총이익(또는 매출총손실)		×××		×××
판매비와관리비		×××		×××
급여	×××		×××	
퇴직급여	×××		×××	
복리후생비	×××		×××	
임차료	×××		×××	
접대비	×××		×××	
감가상각비	×××		×××	
무형자산상각비	×××		×××	
세금과공과	×××		×××	
광고선전비	×××		×××	
연구비	×××		×××	
경상개발비	×××		×××	
대손상각비	×××		×××	
……	×××		×××	
영업이익(또는 영업손실)		×××		×××
영업외수익		×××		×××
이자수익	×××		×××	
배당금수익	×××		×××	
임대료	×××		×××	
단기투자자산처분이익	×××		×××	
단기투자자산평가이익	×××		×××	
외환차익	×××		×××	
외화환산이익	×××		×××	
지분법이익	×××		×××	
장기투자증권손상차손환입	×××		×××	
유형자산처분이익	×××		×××	
사채상환이익	×××		×××	
전기오류수정이익	×××		×××	
……	×××		×××	

과 목	당 기		전 기	
영업외비용		×××		×××
이자비용	×××		×××	
기타의대손상각비	×××		×××	
단기투자자산처분손실	×××		×××	
단기투자자산평가손실	×××		×××	
재고자산감모손실	×××		×××	
외환차손	×××		×××	
외화환산손실	×××		×××	
기부금	×××		×××	
지분법손실	×××		×××	
장기투자증권손상차손	×××		×××	
유형자산처분손실	×××		×××	
사채상환손실	×××		×××	
전기오류수정손실	×××		×××	
……	×××		×××	
법인세비용차감전순손익		×××		×××
법인세비용		×××		×××
당기순이익(또는 당기순손실)		×××		×××
주당손익				
기본주당순손익		×××원		×××원
희석주당순손익		×××원		×××원

④ 이익잉여금처분계산서 양식

이 익 잉 여 금 처 분 계 산 서

제 × 기	20××년×월×일부터 20××년×월×일까지	제 × 기	20××년×월×일부터 20××년×월×일까지
처분예정일	20××년×월×일	처분확정일	20××년×월×일

회사명 (단위 : 원)

구 분	당 기		전 기	
미처분이익잉여금		×××		×××
전기이월미처분이익잉여금	×××		×××	
(또는 전기이월미처리결손금)				
회계정책변경누적효과	-		×××	
전기오류수정	-		×××	
중간배당액	×××		×××	
당기순이익(또는 당기순손실)	×××		×××	
임의적립금등의이입액		×××		×××
×××적립금	×××		×××	
×××적립금	×××		×××	
합 계		×××		×××
이익잉여금처분액		×××		×××
이익준비금	×××		×××	
기타법정적립금	×××		×××	
주식할인발행차금상각액	×××		×××	
배당금	×××		×××	
현금배당				
주당배당금(률) 보통주 : 당기 ××원(%)				
전기 ××원(%)				
우선주 : 당기 ××원(%)				
전기 ××원(%)				
주식배당				
주당배당금(률) 보통주 : 당기 ××원(%)				
전기 ××원(%)				
우선주 : 당기 ××원(%)				
전기 ××원(%)				
사업확장적립금	×××		×××	
감채적립금	×××		×××	
……				
차기이월미처분이익잉여금		×××		×××

⑤ 결손금처리계산서 양식

결 손 금 처 리 계 산 서

제 × 기	20××년×월×일부터 20××년×월×일까지	제 × 기	20××년×월×일부터 20××년×월×일까지
처리예정일	20××년×월×일	처리확정일	20××년×월×일

회사명 (단위 : 원)

구 분	당 기		전 기	
미처리결손금		×××		×××
전기이월미처분이익잉여금 (또는 전기이월미처리결손금)	×××		×××	
회계정책변경누적효과	-		×××	
전기오류수정	-		×××	
중간배당액	×××		×××	
당기순이익(또는 당기순손실)	×××		×××	
결손금처리액		×××		×××
임의적립금이입액	×××		×××	
법정적립금이입액	×××		×××	
자본잉여금이입액	×××		×××	
차기이월미처리결손금		×××		×××

⑥ 자본변동표 양식

자 본 변 동 표

제×기 20××년×월×일부터 20××년×월×일까지
제×기 20××년×월×일부터 20××년×월×일까지

회사명 (단위 : 원)

구 분	자본금	자본잉여금	자본조정	기타포괄손익누계액	이익잉여금	총 계
20××.×.×(보고금액)	×××	×××	×××	×××	×××	×××
회계정책변경누적효과					(×××)	(×××)
전기오류수정					(×××)	(×××)
수정후 이익잉여금					×××	×××
연차배당					(×××)	(×××)
처분후 이익잉여금					×××	×××
중간배당					(×××)	(×××)
유상 증자(감자)	×××	×××				×××
당기순이익(손실)					×××	×××
자기주식 취득			(×××)			(×××)
해외사업환산손익				(×××)		(×××)
20××.×.×	×××	×××	×××	×××	×××	×××
20××.×.×(보고금액)	×××	×××	×××	×××	×××	×××
회계정책변경누적효과					(×××)	(×××)
전기오류수정					(×××)	(×××)
수정후 이익잉여금					×××	×××
연차배당					(×××)	(×××)
처분후 이익잉여금					×××	×××
중간배당					(×××)	(×××)
유상 증자(감자)	×××	×××				×××
당기순이익(손실)					×××	×××
자기주식 취득			(×××)			(×××)
매도가능증권평가손익				×××		×××
20××.×.×	×××	×××	×××	×××	×××	×××

구　　분	자본금	자본 잉여금	자본조정	기타포괄 손익누계액	이익 잉여금	총　계
20××.×.×(보고금액)	×××	×××	×××	×××	×××	×××
회계정책변경누적효과					(×××)	(×××)
전기오류수정					(×××)	(×××)
수정후 이익잉여금					×××	×××
연차배당					(×××)	(×××)
처분후 이익잉여금					×××	×××
중간배당					(×××)	(×××)
유상 증자(감자)	×××	×××				×××
당기순이익(손실)					×××	×××
자기주식 취득			(×××)			(×××)
해외사업환산손익				(×××)		(×××)
20××.×.×	×××	×××	×××	×××	×××	×××
20××.×.×(보고금액)	×××	×××	×××	×××	×××	×××
회계정책변경누적효과					(×××)	(×××)
전기오류수정					(×××)	(×××)
수정후 이익잉여금					×××	×××
연차배당					(×××)	(×××)
처분후 이익잉여금					×××	×××
중간배당					(×××)	(×××)
유상 증자(감자)	×××	×××				×××
당기순이익(손실)					×××	×××
자기주식 취득			(×××)			(×××)
매도가능증권평가손익				×××		×××
20××.×.×	×××	×××	×××	×××	×××	×××

◆ 저자 약력 ◆

▸ 김 병 우

- 경영학박사
- 공인중개사
- 국민은행 지점장, 센터장
- 중소기업 특별위원회 전문위원
- 현재) 부천대학교 부동산금융정보학과 교수

▸ 유 재 경

- 고려대학교 경영학석사
- 경영학박사
- 공인중개사
- 주택관리사
- 직업상담사
- SMIBANK 자금부
- 신화회계법인 경영지도실장
- 부천대학 산학협동위원회 위원
- 부천대학 부동산정보연구소 연구위원
- 현재) 부천대학교 부동산금융정보학과 교수

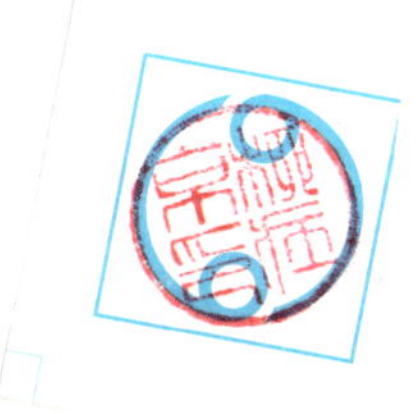

● 알기 쉬운 회계원리

초 판 1쇄 인쇄 —— 2009년 8월 15일
초 판 1쇄 발행 —— 2009년 8월 20일
지은이 —— 유 재 경 · 김 병 우
펴낸이 —— 전 두 표
펴낸데 —— 도서출판 **두남**
서울시 강동구 성내 1동 455-12 두남빌딩
신고 : 제25100-1988-9호
(구 제2-624호, 1988. 7. 21)
TEL : (02) 478-2065~7, 478-2311
FAX : (02) 478-2068
E-mail : dunam1@unitel.co.kr
http://www.dunam.co.kr

● 정가 18,000원

ISBN 978-89-8404-198-1 93320